*MELHORES
POEMAS*

Vicente de Carvalho

Direção
EDLA VAN STEEN

MELHORES POEMAS

Vicente de Carvalho

Seleção
CLÁUDIO MURILO LEAL

São Paulo
2005

© Global Editora, 2005

Diretor Editorial
JEFFERSON L. ALVES

Gerente de Produção
FLÁVIO SAMUEL

Assistente Editorial
ANA CRISTINA TEIXEIRA

Revisão
SOLANGE SCATTOLINI

Projeto de Capa
VICTOR BURTON

Editoração Eletrônica
SPRESS

ACADEMIA BRASILEIRA DE LETRAS

DIRETORIA DE 2005
Presidente — *Ivan Junqueira*
Secretário-geral — *Evanildo Cavalcante Bechara*
Primeira-Secretária — *Ana Maria Machado*
Segundo Secretário — *Marcos Vinicios Vilaça*
Tesoureiro — *Cícero Sandroni*
Diretor da Comissão de Publicações — *Alberto Venancio Filho*

Dados Internacionais de Catalogação na Publicação (CIP)
(Câmara Brasileira do Livro, SP, Brasil)

Carvalho, Vicente de, 1866-1924.
 Melhores poemas / Vicente de Carvalho ; seleção
Cláudio Murilo Leal. — São Paulo : Global, 2005. —
(Coleção melhores poemas / direção Edla van Steen)

ISBN 85-260-1063-8

1. Poesia brasileira I. Leal, Cláudio Murilo.
II. Steen, Edla van. III. Título. IV. Série.

05-8468   CDD–869.91

Índices para catálogo sistemático:
1. Poesia : Literatura brasileira   869.91

Direitos Reservados

 **GLOBAL EDITORA E
DISTRIBUIDORA LTDA.**

Rua Pirapitingüi, 111 – Liberdade
CEP 01508-020 – São Paulo – SP
Tel.: 11 3277-7999 – Fax: 11 3277-8141
e-mail: global@globaleditora.com.br
www.globaleditora.com.br

 Colabore com a produção científica e cultural.
Proibida a reprodução total ou parcial desta obra
sem a autorização do editor.

Nº DE CATÁLOGO: **2610**

Cláudio Murilo Leal é professor de Literatura Hispano-Americana da Faculdade de Letras da Universidade Federal do Rio de Janeiro. Doutor em Letras, a sua tese versou sobre a poesia de Machado de Assis. Foi professor de Literatura Brasileira das universidades do Brasil, de Brasília, de Essex, de Toulouse-Le-Mirail. Dirigiu *o* Colegio Mayor Universitario de la Casa do Brasil, em Madri, entre 1980 e 1990. Foi também diretor do Museu da Imagem e do Som e do Departamento Geral do Patrimônio Cultural da Prefeitura do Rio de Janeiro. Atualmente é vice-presidente do PEN Clube do Brasil. Autor de mais de quinze livros de poemas, entre eles *Módulos* e *Cinelândia*. Recebeu o Prêmio Nacional de Poesia, do Instituto Nacional do Livro, com *Cadernos de Proust* (1982).

VICENTE DE CARVALHO,
poeta intemporal

Vicente Augusto de Carvalho nasceu em 5 de abril de 1866, na cidade de Santos. Quando se formou em Direito, já havia publicado o seu primeiro livro de poesias, *Ardentias*, em 1885. Exerceu o jornalismo e elegeu-se deputado, em 1891, para a Assembléia Constituinte de São Paulo. No ano seguinte, foi nomeado Secretário do Interior do Estado, cargo do qual demitiu-se, meses depois, abandonando a política. Fazendeiro, Juiz de Direito, somente com a edição de *Poemas e canções*, em 1908, conquistou o merecido renome como poeta de primeira grandeza. Em 1909, é eleito para a Academia Brasileira de Letras e, em 1911, para a Academia Paulista de Letras. Morre em 1924, sendo considerado, hoje, um dos mais importantes poetas de seu tempo.

A presente edição de *Melhores poemas Vicente de Carvalho* aproxima-se do critério seletivo adotado pelo próprio poeta quando da reedição de seus livros. Após um prolongado silêncio, entre 1894 e 1900, o que certamente amadureceu a sua concepção estética, Vicente de Carvalho escolhe as suas melhores poesias, incluindo aquelas já publicadas anteriormente, como as de *Rosa, rosa de amor* (1902), que refunde e remodela, num incessante afã de perfectibilidade, para compor o seu antológico livro *Poemas e canções*. O próprio poeta, no prefácio de *Versos da mocidade*, 1912, ao acrescentar alguns novos poemas à reunião dos primeiros livros, *Ardentias* (1885) e *Relicário* (1888), resume o seu ideal de artista e artesão da palavra: "Um artista, tanto quanto se sente com forças para o fazer, tem sempre o direito de corrigir e melhorar a sua obra, procurando dar-lhe a forma definitiva, isto é, a forma que mais se aproxima da relativa perfeição ao alcance dos seus meios".

A esse projeto de excelência formal, compromissado com a realização do poema exemplar, aliava-se a entranhada sensibilidade romântica do poeta. Tal dualidade provocou, por parte da crítica, o surgimento de controvérsias sobre a definição da corrente literária onde melhor deveria situar-se a poesia de Vicente de Carvalho. Os estudos críticos mais consistentes apontam-no como um parnasiano atípico, cuja obra deixa entrever uma certa sentimentalidade ainda romântica e uma afinidade com a rica vertente da poesia oral. As suas trovas, por exemplo, criativamente hauridas no nosso romanceiro, estão impregnadas de um genuíno sabor popular.

A ensaística moderna, a não ser em casos excepcionais, já não valoriza o simples levantamento das características de um autor ou sua submissão aos cânones dos estilos de época. Igualmente, desqualifica as convenções dos gêneros literários ou a busca quase policialesca de influências e plágios. Por outro lado, tornou-se uma questão secundária saber se Vicente de Carvalho somar-se-ia, como um quarto poeta, à tríade parnasiana formada por Olavo Bilac, Raimundo Correia e Alberto de Oliveira.

Não pertencendo a uma determinada escola e não tendo escrito manifestos, profissões de fé ou artes poéticas, Vicente de Carvalho consegue, no entanto, ser admirado até hoje graças à natural fluência de seus emotivos poemas, à utilização de um vocabulário poeticamente trabalhado na escolha da palavra justa e, principalmente, no uso de imagens e metáforas que iluminam o sentido do poema em vez de obscurecê-lo. Alguns críticos, como Sérgio Milliet, observaram que o poeta investiu mais no calor da emoção do que na frieza marmórea dos parnasianos. A teoria da recepção ressaltaria um contínuo diálogo entre o leitor e o poema, sob a égide da *claritas* (a clareza e a claridade). Entre outras virtudes, o fino ouvido de Vicente de Carvalho para as entonações do cotidiano soube amenizar a rigidez do verso parnasiano adotado por Alberto de Oliveira. E pelo tratamento despojado dado aos temas universais, como o amor, a morte e o mar, conseguiu ele aproximar-se de um público mais amplo, mostrando-se menos elitista do que Olavo Bilac e Raimundo Correia. Vicente de Carvalho foi ele mesmo, tendo adquirido uma dicção própria e inconfundível entre os seus pares, o que certamente tornou-se um dos motivos das inúmeras e constantes reedições de sua obra. O leitor hedonista, interessado apenas em *usufruir da* poesia, não busca através da crítica uma explicação para seus prazeres de diletante. Sem desempenhar o papel de um autor de fácil leitura, Vicente de Carvalho demonstrou, no entanto, um raro dom de fazer-se amado, uma vez que a matéria de sua poesia não necessita, para ser compreendida, do rigoroso exame dos exegetas, geralmente ávidos pela dissecação de textos obscuros. Por essa razão, talvez, Vicente de Carvalho não integre ainda, como merece, os currículos universitários, mais vocacionados para a interpretação de autores vistos como herméticos. *Poemas e canções*, cuja primeira edição é de 1908, apresenta-se como o livro emblemático de Vicente de Carvalho. Nesta recolta, encontra-se a melhor seleção de seus poemas, aí refundidos e cristalizados em sua forma definitiva, além de incluir, no final do livro, os poemas de *Rosa, rosa de amor* (1902). Dez anos depois, o poeta edita, em Portugal, *Versos da mocidade*, "um livro novo feito de versos velhos", segundo o próprio autor. Algumas notas esclarecedoras são incluídas como apêndice de *Poemas e canções*. Por exemplo: em relação ao poema "Sonho póstumo", Vicente de Carvalho formula uma dúvida bastante atual: "O autor não está bem certo de que a um poeta corra obrigação rigorosa de justificar as concepções de sua fantasia". Em alguns casos, a constatação de um Brasil mestiço serve de explicação para os versos quase modernistas "Ai, a alma tupi, bem mal domesticada / À macaqueação cabocla do europeu..."

Abre esta coletânea dos *Melhores poemas Vicente de Carvalho* um segmento que se intitula "Velho tema", englobando cinco sonetos e mais um poema estruturado em quatro sextinas. Trata-se do eterno tema do lirismo universal: o amor. Cantado e chorado por clássicos e românticos, Vicente de Carvalho invoca, no primeiro verso do segundo soneto, "Eu cantarei de amor tão fortemente", a origem camoniana, "Eu cantarei de amor tão docemente", raiz lusitana que atua como inspiração ambivalente entre mimetismo e criação. É esse intercâmbio com a tradição, através do uso do recorte e da colagem, da citação, da busca de ressonâncias de um passado a ser revivido que caracteriza parte dos procedimentos encontrados na chamada pós-modernidade. Antes mesmo da consagração desse termo, que já se vai desgastando com o tempo e o uso, poetas como Jorge de Lima, em *Invenção de Orfeu*, os modernistas através de um jogo de espelhos com o passado colonial, o poeta de retaguarda José Albano, em seu livro *Rimas*, Vicente de Carvalho também pressentiu a riqueza de uma possível reciclagem de alguns tópicos do pretérito-mais-que-perfeito de nossas matrizes culturais. São exemplos os poemas narrativos "Fugindo ao cativeiro" e "A partida da monção". O nosso poeta reconheceu as amplas possibilidades oferecidas pelo jogo interdisciplinar que, desde Bento Teixeira aos pastiches e paráfrases dos poetas modernistas, sempre aproximou poesia e história do Brasil.

Vicente de Carvalho, no entanto, ao contrário dos modernistas, incorpora a tradição numa atitude de respeitosa homenagem. O seu poema "Menina e moça" relembra Bernardim Ribeiro e "A arte de amar" remete a Ovídio. São meras imersões nas fontes do passado, sem intenções plagiárias. As aproximações de epígrafes ou de versos alheios, como exaustivamente catalogou Fausto Cunha, em seu excelente estudo, levaram este crítico a afirmar, com certa mordacidade, que, no primeiro livro de Vicente de Carvalho, "há mais influências do que páginas". Modernamente, já não é mais considerada um pecado a existência de influências, reconhecidas após o rastreamento e a descoberta de ocultos e quase sempre vagos elos entre múltiplas obras. Semelhanças conscientemente utilizadas são vistas, hoje, como enriquecimento, seja de forma — o parentesco do alexandrino de Vicente de Carvalho com o de Guerra Junqueiro —, ou de conteúdo, como o satanismo de Baudelaire, transformado em peças "ingenuamente declamatórias", como afirmou o próprio poeta. O mais importante a ressaltar em relação a esses cinco sonetos é o apuro e o cuidado da linguagem, que limitam os possíveis arroubos românticos dentro de uma ática retórica. A rígida estrutura do soneto preenche a função de conter a libido dentro dos contornos dessa canônica fôrma. E um dos segredos da poesia de Vicente de Carvalho esconde-se exatamente no contínuo fluir entre a emoção, que preserva a espontaneidade do sentimento, e a razão, que dita as normas a serem seguidas pelo artista.

A leveza e a faceirice de "Menina e moça" contrastam com o lúgubre tom elegíaco do poema seguinte, "Pequenino morto", vazado em versos de onze sílabas, monotonamente cadenciados, ao som repetitivo e soturno: "Tange o sino, tange, numa voz de choro,/ Numa voz de choro... tão desconsolado..."

Nos quatro poemas que compõem "Sugestões do crepúsculo" é captado o inefável lirismo de uma natureza em movimento. Por outra parte, a escolha do vocabulário aproveita corretamente as possibilidades do estrato fônico dos versos, evitando os excessos que marcaram as aliterações simbolistas. Os poemas ondulam num ritmo contínuo, plasticamente entrecortado pelo *chiaroescuro* de imagens que se sucedem: "meia luz crepuscular"; "ermo da sombra"; "céu sem sol e sem estrelas". Certa atmosfera intimista protagoniza um litúrgico espetáculo, onde a natureza atua como personagem principal: o ocaso, o mar e o eu lírico interagem com sons, cores e sentimentos, na unção quietista de uma prece:

...... Quando entardece,
Na meia luz crepuscular
Tem a toada de uma prece
A voz tristíssima do mar...

Já o longo poema "Fugindo ao cativeiro" ocupa uma posição insólita na obra de Vicente de Carvalho. Representa um momento epifânico em que a fala grandiloqüente adapta-se perfeitamente ao dramático enredo. A narração das vicissitudes de escravos em fuga transforma o discurso poético em um verdadeiro cântico à liberdade. O poema incorpora, nessa vertente narrativa, um recorte épico, onde estão presentes as peripécias de ações heróicas, demonstrações de coragem e, de forma candente, um nobre sentimento de justiça. A linguagem elevada, instrumento de adequação do *sermo nobilis* ao argumento da epopéia, ressalta as afinidades com outros poemas que marcaram indelevelmente a poesia brasileira: o "I-juca-pirama", de Gonçalves Dias, as "Vozes d'África, de Castro Alves ou "O caçador de esmeraldas", de Olavo Bilac.

"Fugindo do cativeiro" deve ser lido com entonação declamatória, destinada mais a comover o público ouvinte do que o leitor solitário. O drama dos escravos fugitivos anseia por um cenário grandioso para realizar-se plenamente. E, aqui, a wagneriana sonoridade de Vicente de Carvalho tonitroa nos ouvidos de uma platéia habituada, nos começos do século XX, a uma outra música, fruto da leitura da severa partitura parnasiana.

> Hércules negro! Corre, abrasa-lhe nas veias
> Sangue de algum heróico africano selvagem,
> Acostumado à guerra, a devastar aldeias,
> A cantar e a sorrir no meio da carnagem
> A desprezar a morte espalhando-a às mãos
> [cheias...

A crítica e os leitores rotularam Vicente de Carvalho como "o poeta do mar". Um estereótipo em parte justificável, uma vez que os poemas "Cantigas praianas", "Palavras ao mar" e "No mar largo", entre outros, são reconhecidamente de rara beleza. Mas o valor da poesia de Vicente de Carvalho transcende e supera essa classificação simplista. Embora aceitável como elogio, ser classificado como "o poeta do mar" não deve reduzir a importância de seus demais temas. As primeiras cantigas do mar despem a linguagem de todo excesso da oratória. São palavras aladas, próximas da lira popular:

> Vai, branca e fugidia,
> A nuvem pelo ar:
> Roça de leve a lua,
> Embebe-se em luar

O emprego de estrofes de quatro versos, as quadras, enxuga o ritmo da composição das "Cantigas praianas", que se aproximam da singeleza quase ingênua das trovas.

Ao contrário, em "Palavras ao mar", um poema estruturado com base em oitavas e metro endecassilábico, Vicente de Carvalho investe num tom encomiástico, dirigido ao "Mar, belo mar selvagem / Das nossas praias solitárias! Tigre / A que as brisas da terra o sono embalam, / A que o vento do largo eriça o pêlo!" O livro *Rosa, rosa de amor*, incorporado a *Poemas e canções*, sublinha a inspiração romântica. A mulher amada aparece, por exemplo, sob o assédio faunesco, não do poeta, mas da *persona* dramática que o representa no poema "Manhã de sol".

> Surpreendo-a. Ela estaca, assustada, indecisa;
> Mal com os pezinhos nus o chão musgoso pisa
> Num ar de juriti prestes a abrir o vôo.
> Tomo-lhe as mãos, baixinho, ao seu ouvido, entôo
> A atrevidas canção do amor que tudo pede,
> Do amor que não é mais do que um furor de sede,
> Que é o amor afinal...
>
> Toda a sua alma escuta,
> Todo o seu corpo treme. Amante e irresoluta,
> Quer ceder, e resiste; abrasa, e não se atreve...
> E de súbito, como a corça arisca e leve
> Que sente o caçador e ouve silvar a bala,
> Ela das minhas mãos bruscamente resvala,
> Salta, foge-me...

Para que melhor se compreenda a simplicidade dos versos desse livro, é preciso que o leitor desloque a sua perspectiva para os mananciais da sensibilidade romântica que, ainda hoje, abastecem de emoção e sensualidade a poesia brasileira. É possível ler os poemas VI ("Desiludida") e VII ("Saudade"), de *Rosa, rosa de amor*, como um vitral de trovas, compondo um translúcido mosaico de quadras populares:

Bem sei que já não me ama,
E sigo amorosa e aflita,
Essa voz que não me chama,
Esse olhar que não me fita.

A fortuna crítica sobre Vicente de Carvalho reúne considerações dos mais importantes nomes da literatura brasileira, como Mário de Andrade, Manuel Bandeira, Agripino Grieco, Sérgio Milliet, Péricles Eugênio da Silva Ramos.

Mário de Andrade assinala "um parentesco assaz tênue do poeta com o Parnasianismo" e considera Vicente de Carvalho "um dos maiores poetas brasileiros". Aclama *Poemas e canções* com o epíteto de "livro imortal", e coloca o autor ao lado de figuras exponenciais da nossa literatura, como Cláudio Manuel da Costa, Basílio da Gama, Tomás Antônio Gonzaga, Álvares de Azevedo e Fagundes Varela. Todos eles poetas líricos, tributários de uma vertente de poesia pura que desemboca em Raul de Leoni, Cecília Meireles, Dante Milano, entre outros.

Manuel Bandeira, autor de poemas de refinado lirismo, ao relacionar Vicente de Carvalho, em sua *Evolução da poesia brasileira*, com Olavo Bilac, Raimundo Correia e Alberto de Oliveira, fala da revelação de "um quarto mestre em nada inferior aos outros, e em certos aspectos mesmo superior — mais vário, mais completo, mais natural, mais comovido. Mal se pode aplicar o rótulo de parnasiano a esse poeta...".

Sérgio Milliet, um sensível e agudo crítico de poesia, pois ele mesmo um raro e sutil poeta, sintetizou com muita argúcia, em seu *Diário crítico*:

o grande valor de Vicente de Carvalho, como aliás de Bilac até certo ponto, foi o de unir emoção à forma e não se entregar como os parnasianos franceses ao ridículo da impassibilidade. Seu maior mérito não foi o de atingir uma perfeição que, em si pouco importa, mas de dar ao que tinha a dizer uma expressão única insubstituível.

Referências e trabalhos em histórias da literatura brasileira valorizam positivamente a poesia de Vicente de Carvalho. Péricles Eugênio da Silva Ramos ressalta a clareza do poeta, "responsável pelo fato de algumas de suas poesias figurarem até em primeiros livros de leitura". É preciso, também, mencionar o prefácio de Euclides da Cunha a *Poemas e canções* que, em sua segunda parte, tece pertinentes considerações sobre alguns aspectos importantes da poesia de Vicente de Carvalho.

Finalmente, é imprescindível citar dois livros que oferecem uma visão bastante abrangente do homem e da obra do poeta. O primeiro, de autoria de Hermes Vieira, *Vicente de Carvalho: o sabiá na ilha do sol*, redigido num estilo florido e com intenções laudatórias, cuja rara segunda edição data de 1943, traz preciosas informações sobre a vida do poeta e tece pertinazes relações com a sua obra. O segundo, *Vicente de Carvalho e os Poemas e canções*, mais moderno, de 1970, escrito por Octávio D'Azevedo, entre outras qualidades destaca-se a de ter produzido uma laboriosa interpretação sobre cada poema.

A presente edição recolhe o que há de melhor da poesia de Vicente de Carvalho, poeta que se caracterizou por um elevado controle da qualidade de sua obra e, ao transpor os limites das escolas literárias, produziu uma poesia intemporal. Fruto das constantes correções e aprimoramentos, determinados pelo seu rigoroso espírito crítico, o produto final desse inspirado artista recebe, até hoje, o elogio e a atenção da crítica e do público.

Cláudio Murilo Leal

POEMAS

POEMAS E CANÇÕES

...só deles fio a minha sobrevivência espiritual, eu, pobre poeta deserdado da esperança numa outra vida, e que tem por suprema ambição do seu egoísmo, não um grande lugar na terra, mas um pequenino recanto na simpatia mais ou menos duradoura de algumas almas...

V. de C. — "Uma candidatura"

...só explica tão forte empenho posto em granjear tão modesto resultado, como é um livro de versos, aquele fortíssimo instinto, profundamente humano, que se rebela contra a morte, sonhando, para depois dela, uma continuação, ainda que modificada, da vida. A ambição de deixar a sua alma ecoando sonoramente em outras almas, através do tempo, é, sem dúvida, o incentivo dos poetas, e a ilusão de quase todos eles... Que recompensa melhor promete alguma religião aos que estimula na incerta e penosa conquista do Céu?

V. de C. — "Um poeta"

VELHO TEMA

I

Só a leve esperança, em toda a vida,
Disfarça a pena de viver, mais nada;
Nem é mais a existência, resumida,
Que uma grande esperança malograda.

O eterno sonho da alma desterrada,
Sonho que a traz ansiosa e embevecida,
É uma hora feliz, sempre adiada
E que não chega nunca em toda a vida.

Essa felicidade que supomos,
Árvore milagrosa que sonhamos
Toda arreada de dourados pomos,

Existe, sim: mas nós não a alcançamos
Porque está sempre apenas onde a pomos
E nunca a pomos onde nós estamos.

II

Eu cantarei de amor tão fortemente
Com tal celeuma e com tamanhos brados
Que afinal teus ouvidos, dominados,
Hão de à força escutar quanto eu sustente.

Quero que meu amor se te apresente
— Não andrajoso e mendigando agrados,
Mas tal como é: — risonho e sem cuidados,
Muito de altivo, um tanto de insolente.

Nem ele mais a desejar se atreve
Do que merece: eu te amo, e o meu desejo
Apenas cobra um bem que se me deve.

Clamo, e não gemo; avanço, e não rastejo;
E vou de olhos enxutos e alma leve
À galharda conquista do teu beijo.

PEQUENINO MORTO

Tange o sino, tange, numa voz de choro,
Numa voz de choro... tão desconsolado...
No caixão dourado, como em berço de ouro,
Pequenino, levam-te dormindo... Acorda!
Olha que te levam para o mesmo lado
De onde o sino tange numa voz de choro...
Pequenino, acorda!

Como o sono apaga o teu olhar inerte
Sob a luz da tarde tão macia e grata!
Pequenino, é pena que não possas ver-te...
Como vais bonito, de vestido novo
Todo azul-celeste com debruns de prata!
Pequenino, acorda! E gostarás de ver-te
De vestido novo.

Como aquela imagem de Jesus, tão lindo
Que até vai levado em cima dos andores,
Sobre a fronte loura um resplendor fulgindo,
— Com a grinalda feita de botões de rosas
Trazes na cabeça um resplendor de flores...
Pequenino, acorda! E te acharás tão lindo
Florescido em rosas!

Tange o sino, tange, numa voz de choro,
Numa voz de choro... tão desconsolado...
No caixão dourado, como em berço de ouro,
Pequenino, levam-te dormindo... Acorda!
Olha que te levam para o mesmo lado
De onde o sino tange numa voz de choro...
          Pequenino, acorda!

Que caminho triste, e que viagem! Alas
De ciprestes negros a gemer no vento;
Tanta boca aberta de famintas valas
A pedir que as fartem, a esperar que as encham...
Pequenino, acorda! Recupera o alento,
Foge da cobiça dessas fundas valas
          A pedir que as encham.

Vai chegando a hora, vai chegando a hora
Em que a mãe ao seio chama o filho... A espaços,
Badalando, o sino diz adeus, e chora
Na melancolia do cair da noite;
Por aqui, só cruzes com seus magros braços
Que jamais se fecham, hirtos sempre... É a hora
          Do cair da noite ...

Pela ave-maria, como procuravas
Tua mãe!... Num eco de sua voz piedosa,
Que suaves coisas que tu murmuravas,
De mãozinhas postas, a rezar com ela...
Pequenino, em casa, tua mãe saudosa
Reza a sós... É a hora quando a procuravas...
          Vai rezar com ela!

E depois... teu quarto era tão lindo! Havia
Na janela jarras onde abriam rosas;
E no meio a cama, toda alvor, macia,
De lençóis de linho no colchão de penas.
Que acordar alegre nas manhãs cheirosas!
Que dormir suave, pela noite fria,
No colchão de penas...

Tange o sino, tange, numa voz de choro,
Numa voz de choro... tão desconsolado...
No caixão dourado, como em berço de ouro,
Pequenino, levam-te dormindo... Acorda!
Olha que te levam para o mesmo lado
De onde o sino tange numa voz de choro...
Pequenino, acorda!

Por que estacam todos dessa cova à beira?
Que é que diz o padre numa língua estranha?
Por que assim te entregam a essa mão grosseira
Que te agarra e leva para a cova funda?
Por que assim cada homem um punhado apanha
De caliça, e espalha-a, debruçado à beira
Dessa cova funda?

Vais ficar sozinho no caixão fechado...
Não será bastante para que te guarde?
Para que essa terra que jazia ao lado
Pouco a pouco rola, vai desmoronando?
Pequenino, acorda! — Pequenino!... É tarde...
Sobre ti cai todo esse montão que ao lado
Vai desmoronando...

Eis fechada a cova. Lá ficaste... A enorme
Noite sem aurora todo amortalhou-te.
Nem caminho deixam para quem lá dorme,
Para quem lá fica e que não volta nunca...
Tão sozinho sempre por tamanha noite!...
Pequenino, dorme! Pequenino, dorme...
Nem acordes nunca!

SUGESTÕES DO CREPÚSCULO

I

Ao pôr-do-sol, pela tristeza
Da meia luz crepuscular,
Tem a toada de uma reza
A voz do mar.

Aumenta, alastra e desce pelas
Rampas dos morros, pouco a pouco,
O ermo de sombra, vago e oco,
Do céu sem sol e sem estrelas.

Tudo amortece; a tudo invade
Uma fadiga, um desconforto...
Como a infeliz serenidade
Do embaciado olhar de um morto.

Domada então por um instante
Da singular melancolia
De em torno — apenas balbucia
A voz piedosa do gigante.

Toda se abranda a vaga hirsuta,
Toda se humilha, a murmurar...
Que pede ao céu que não a escuta
A voz do mar?

III

Mais formidável se revela,
E mais ameaça, e mais assombra
A uivar, a uivar, dentro da sombra
Nas fundas noites de procela.

Tremendo e próximo se escuta
Varrendo a noite, enchendo o ar,
Como o fragor de uma disputa
Entre o tufão, o céu e o mar.

Em cada ríspida rajada
O vento agride o mar sanhudo:
Roça-lhe a face, com o agudo
Sibilo de uma chicotada.

De entre a celeuma, um estampido
Avulta e estoura, alto e maior,
Quando, tirano enfurecido,
Troveja o céu ameaçador.

De quando em quando, um tênue risco
De chama vem, da sombra em meio...
E o mar recebe em pleno seio
A cutilada de um corisco.

Mas a batalha é sua, vence-a:
Cansa-se o vento, afrouxa... e assim
Como uma vaga sonolência
O luar invade o céu sem fim...

Donas do campo, as ondas rugem;
E o monstro impando de ousadia,
Pragueja, insulta, desafia
O céu, cuspindo-lhe a salsugem.

IV

A alma raivosa e libertina
Desse tenaz batalhador
Que faz do escombro e da ruína
Como os troféus do seu amor;

A alma rebelde e mal composta
Desse pagão e desse ateu
Que retalia e dá respostas
À mesma cólera do céu;

A alma arrogante, a alma bravia
Do mar, que vive a combater,
Comove-se à melancolia
Conventual do entardecer...

No seu clamor esmorecido
Vibra, indistinta e espiritual,
Alguma coisa do gemido
De um órgão numa catedral.

E pelas praias aonde descem
Do firmamento — a sombra e a paz;
E pelas várzeas que emudecem
Com os derradeiros sabiás;

Ouvem os ermos espantados
Do mar contrito no clamor
A confidência dos pecados
Daquele eterno pecador.

*

Escutem bem... Quando entardece,
Na meia-luz crepuscular
Tem a toada de uma prece
A voz tristíssima do mar...

FRAGMENTOS DE "A ARTE DE AMAR"

I

Dizer mal das mulheres é costume
De todo o amante que não foi feliz:
Um coitado mordido do ciúme
    Tudo maldiz, e se maldiz...
Pois confesso que nisso se resume
    O que fui, o que fiz.

Julguei mal da que adoro e que me adora;
E as mulheres, por pérfidas e vis,
A todas condenei de foz em fora...
    Fui infeliz... Sou infeliz
Pois com remorso reconheço agora
    O que fui, o que fiz.

Quem se acredita amado se conforma
Com o poder dos encantos feminis:
Tudo explica e desculpa, de tal forma
    Que... Tu sorris? Por quê? Sorris
De uma verdade que tomei por norma
    No que fui, no que fiz.

São bem próprios de todas as mulheres
Os carinhos, a tática, os ardis
Com que provas — ou finges — que me queres.
Sou infeliz? Mas ser feliz
É acreditar em quanto me disseres...
        E assim fui, e assim fiz.

Porque abrolha em espinhos a roseira
Quem negará que as rosas são gentis?
Do teu encanto de mulher faceira
        Ninguém dirá — e ninguém diz
Que é coisa sem valor, que se não queira...
E assim fui no que fiz.

És tão linda! Eu adoro-te. És tão boa!
Finges tão bem o amor, que o que eu não quis
Quero agora. Que bem pus fora à toa!
Fui imbecil... Aos imbecis
É caridade perdoar... Perdoa
No que fui — o que fiz.

Seja fingido embora o teu agrado,
Agrada-me! Os teus modos infantis
Me dão a idéia de que sou amado.
        Nasceste atriz... És boa atriz...
Choras?... Isso me deixa consolado
        Do que fui, do que fiz.

IV

Se a tua amante é bela
E tens ciúme, finge que o não tens;
Não o perceba ela;
Ou caro pagarás
Com alma, corpo, e bens,
Cada uma dessas coisas pueris
Que um ciumento a cada passo faz
Ou diz.

Pois tua amante, fria como a neve,
É bela
E finge que te quer bem,
Que mais reclamas? Ela
Como ser linda e fingir — dá quanto deve
E tem.

E quanto mais tiveres
Boas razões, menos dirás que as tens:
Afinal, às mulheres,
Quando amadas e belas,
Caro se paga em alma, em corpo, em bens,
A culpa sem perdão

De ter, ter contra elas,
Razão.

Queixas de amor que tiveres
Não as dês a entender. Nunca, a ninguém!
Mais valerá, calá-las, e sorrir:
Ouvidos de mulheres
Só ouvem bem o que lhes soa bem
E lhes convém
Ouvir.

Pois tua linda amante
Finge que te ama — dá-te parabéns.
Declara-te feliz, e sê galante:
O seu amor que tu não tens
Que falta faz?
Melhor do que possuir o amor sempre exigente
De uma mulher que além de ser amada é bela

Mais vale à gente
Viver com ela
Em paz.

Engana-te ela e finge que és amado?
Engana-a tu também
Fingindo-te enganado:
Vivendo assim perfeitamente bem
Os dois,
Poupar-te-ás a quanto, injusta ou justa,
Uma cena de ciúme sempre custa
Depois...

FUGINDO AO CATIVEIRO

I

Horas mortas. Inverno. Em plena mata. Em plena
Serra do Mar.

Em cima, ao longe, alta e serena,
A ampla curva do céu das noites de geada:
Como a palpitação vagamente azulada
De uma poeira de estrelas...

Negra, imensa, disforme,
Enegrecendo a noite, a desdobrar-se pelas
Amplidões do horizonte, a cordilheira dorme.
Como um sonho febril no seu sono ofegante,
Na sombra em confusão do mato farfalhante,
Tumultuando, o chão corre às soltas, sem rumo;
Trepa agora alcantis por escarpas a prumo,
Eriça-se em calhaus, bruscos como arrepios;
Mais repousado, além levemente se enruga
Na crespa ondulação de cômoros macios:
Resvala num declive; e logo, como em fuga
Precípite, através da escuridão noturna,
Despenha-se de chofre ao vácuo de uma furna.

Do fundo dos grotões outra vez se subleva,
Surge, recai, ressurge... E, assim, como em torrente
Furiosa, em convulsões, vai rolando na treva
Despedaçadamente e indefinidamente...

Muge na sombra a voz rouca das cachoeiras.

Rajadas sorrateiras
De um vento preguiçoso arfam de quando em quando
Como um vasto motim que passa sussurrando:
E em cada árvore altiva, e em cada humilde arbusto,
Há contorções de raiva ou frêmitos de susto.

A mata é tropical: basta, quase maciça
De tão cerrada. Ao pé do tronco dominante,
Que, imperturbavelmente imóvel, inteiriça
Sob a rija galhada o torso de gigante,
— Uma vegetação turbulenta e bravia
Rasteja, alastra, fura, enrosca-se, porfia:
Moitas de craguatás agressivos; rasteiras
Trapoeirabas tramando o chão todo; touceiras
De brejaúva, em riste as flechas ouriçadas
De espinhos; e por tudo, e em tudo emaranhadas,
As trepadeiras, em redouças balançando
Hastes vergadas, galho a galho acorrentando
Árvores, afogando arbustos, brutalmente
Enlaçando à jissara o talhe adolescente...
Cem espécies formando a trama de uma sebe,
Atulhando o desvão de dois troncos; a plebe
Da floresta, oprimida e em perpétuo levante.

Acesa num furor de seiva transbordante,
Toda essa multidão desgrenhada — fundida
Como a conflagração de cem tribos selvagens
Em batalha — a agitar cem formas de folhagens
Disputa-se o ar, o chão, o orvalho, o espaço, a vida.

Na confusão da noite, a confusão do mato
Gera alucinações de um pavor insensato,
Aguça o ouvido ansioso e a visão quase extinta:
Lembra — e talvez abafe — urros de onça faminta
A mal ouvida voz da trêmula cascata
Que salta e foge e vai rolando águas de prata.
Rugem sinistramente as moitas sussurrantes.
Acoitam-se traições de abismo numa alfombra.
Penedos traçam no ar figuras de gigantes.
Cada ruído ameaça, e cada vulto assombra.

Uns tardos caminhantes
Sinistros, meio nus, esboçados na sombra,
Passam, como visões vagas de um pesadelo...

São cativos fugindo ao cativeiro. O bando
É numeroso. Vêm de longe, no atropelo
Da fuga perseguida e cansada. Hesitando,
Em recuos de susto e avançadas afoitas,
Rompendo o mato e a noite, investindo as ladeiras,
Improvisam o rumo ao acaso das moitas.

Vão arrastando os pés chagados de frieiras...

De furna em furna a Serra, imensa, se desdobra,
De sombra em sombra a noite, infinda, se prolonga;
E flexuosa, em vaivéns, como de dobra em dobra,

A longa fila ondula e serpenteia, e a longa
Marcha através da noite e das furnas avança...

Vão andrajosos, vão famintos, vão morrendo.
Incita-os o terror, alenta-os a esperança:
Fica-lhes para trás, para longe, o tremendo
Cativeiro... E através desses grotões por onde
Se arrastam, do sertão que os esmaga e os esconde.
Da vasta escuridão que os cega e que os ampara,
Do mato que obsta e apaga os seus passos furtivos,
Seguem, almas de hebreus, rumo do Jabaquara
— A Canaã dos cativos.

Vão calados, poupando o fôlego. De quando
Em quando — fio d'água humilde murmurando
As tristezas de um lago imenso — algum gemido,
Um grito de mulher, um choro de criança,
Conta uma nova dor em peito já dorido,
Um bruxoleio mais mortiço da esperança,
A rajada mais fria arrepiando a floresta
E a pele nua: o espinho entrando a carne; a aresta
De um seixo apunhalando o pé já todo em sangue:
Uma exacerbação nova da fome velha,
A tortura da marcha imposta ao corpo exangue;
O joelho exausto que, contra a vontade, ajoelha...

E a longa fila segue: a passo, vagarosa,
Galga de fraga em fraga a montanha fragosa,
Bem mais fragosa, bem mais alta que o Calvário...
Um, tropeçando, arrima o pai octogenário:
Os mais valentes dão apoio aos mais franzinos;
E Mães, a agonizar de fome e de cansaço,
Levam com o coração mais do que com o braço
Os filhos pequeninos.

II

Ei-lo, por fim, o termo desejado
Da subida: a montanha avulta e cresce
De um vale escuro ao céu todo estrelado;
E o seu cume de súbito aparece
De um resplendor de estrelas aureolado.

Mas ai! Tão longe ainda!... E de permeio
A vastidão da sombra sem caminhos,
Um fundo vale, tenebroso e feio,
E o mato, o mato das barrocas, cheio
De fantasmas, de estrépitos, de espinhos.

Tão longe ainda!... E os peitos arquejantes,
E as forças e a coragem sucumbindo...
Estacando, aterrados, por instantes
Pensam que a morte hão de encontrar bem antes
Do termo desse itinerário infindo...

Tiritando, a chorar, uma criança
Diz com voz débil: "Mãe, faz tanto frio!... "
E a mãe os olhos desvairados lança
Em torno, e vê apenas o sombrio
Manto de folhas que o tufão balança...

"Mãe, tenho fome!" a criancinha geme,
E, ela, dos trapos arrancando o seio.
Põe-lho na boca ansiosa, aperta e espreme...
Árido e seco!... E do caminho em meio
Ela, aterrada e muda, estaca e treme.

Vai-lhe morrer, morrer nos próprios braços,
Morrer de fome, o filho bem-querido;
E ela, arrastando para longe os passos,
O amado corpo deixará, perdido
Para os seus beijos, para os seus abraços...

Esse cadáver pequenino, e o riso
Murcho no lábio, e os olhos apagados,
Toda essa vida morta de improviso,
Hão de ficar no chão, abandonados
À inclemência dos sóis e do granizo;

Esse entezinho débil e medroso,
Que ao mais leve rumor se assusta e busca
O asilo do seu seio carinhoso,
Há de ficar sozinho; e, em torno, a brusca
Voz do vento ululante e cavernoso...

E, em torno, a vasta noite solitária
Cheia de sombra, cheia de pavores,
Onde passa a visão errante e vária
Dos lobisomens ameaçadores
Em desfilada solta e tumultuária...

Desde a cabeça aos pés, toda estremece;
Falta-lhe a força, a vista se lhe turva,

Toda a coragem na alma lhe esmorece.
E, afastando-se, ao longe, numa curva
O bando esgueira-se, e desaparece...

Ficam sós, ela e o filho, agonizando,
Ele a morrer de fome, ela de medo.
Ulula o furacão de quando em quando,
E sacudindo os ramos e o folhedo
Movem-se as árvores gesticulando.

Ela ergue os olhos para o céu distante
E pede ao céu que descortine a aurora:
Dorme embuçado em sombras o levante,
Mal bruxoleia pela noite fora
Das estrelas o brilho palpitante...

Tenta erguer-se, e recai; soluça e brada,
E apenas o eco lhe responde ao grito;
Os olhos fecha para não ver nada,
E tudo vê com o coração aflito,
E tudo vê com a alma alucinada.

Dentro se lhe revolta a carne; explode
O instinto bruto, e quebra-lhe a vontade:
Mães, vosso grande amor, que tanto pode,
Pode menos que a indômita ansiedade
Em que o terror os músculos sacode!

Ela, apertando o filho estreitamente,
Beija-lhe os olhos úmidos, a boca...
E desvairada, em pranto, ébria e tremente,
Arrancando-o do seio, de repente
Larga-o no chão e foge como louca.

III

Aponta a madrugada:
Da turva noite esgarça o úmido véu,
E espraia-se risonha, alvoroçada,
Rosando os morros e dourando o céu.

A caravana trôpega e ansiosa
Chega ao tope da Serra...
O olhar dos fugitivos
Descansa enfim na terra milagrosa
Na abençoada terra
Onde não há cativos.

Embaixo da montanha, logo adiante,
Quase a seus pés, uma planície imensa,
Clara, risonha, aberta, verdejante:

E ao fundo do horizonte, ao fim da extensa
Macia várzea que se lhes depara
Ali, próxima, em frente,
Esfumadas na luz do sol nascente,
As colinas azuis do Jabaquara...

O dia de ser livre, tão sonhado
Lá do fundo do escuro cativeiro,
Amanhece por fim, leve e dourado,
Enchendo o céu inteiro.

Uma explosão de júbilo rebenta
Desses peitos que arquejam, dessas bocas
Famintas, dessa turba macilenta:

Um borborinho de palavras loucas,
De frases soltas que ninguém escuta
Na vasta solidão se ergue e se espalha,
E em pleno seio da floresta bruta
Canta vitória a meio da batalha.

Seguindo a turba gárrula e travessa
Que se alvoroça e canta e salta e ri-se,
Um coitado, com a trêmula cabeça
Toda a alvejar das neves da velhice,
Tardo, trôpego, só, desamparado,
Chega afinal, exsurge à superfície
Do alto cimo; repousa, consolado,
Longamente, nos longes da planície
        O olhar quase apagado;
Distingue-a mal, duvida; resmungando,
Fita-a; compreende-a pouco a pouco; vê-a
Anunciando próxima, esboçando
— No chão que brilha de um fulgor de areia,
Num verde-claro de ervaçal que ondeia —
A aparição da Terra Prometida...

Todo trêmulo, ajoelha; e ajoelhado,
De mãos postas, nos olhos a alma e a vida,
Ele, o mesquinho e o bem-aventurado,
Adora o Céu nessa visão terrena...

E de mãos postas sempre, extasiado,
Murmura, reza esta oração serena
Como um tosco resumo do Evangelho:

"Foi Deus Nosso Senhor que teve pena
De um pobre negro velho..."

Seguem. Começa a íngreme descida.
Descem. E recomeça
A peregrinação entontecida
No labirinto da floresta espessa.
Sob o orvalho das folhas gotejantes,
Entre as moitas cerradas de espinheiros,
Andrajosos, famintos, triunfantes,
Descem barrancos e despenhadeiros.

Descem rindo, a cantar... Seguem, felizes,
Sem reparar que os pés lhes vão sangrando
Pelos espinhos e pelas raízes;
Sem reparar que atrás, pelo caminho
Por onde fogem como alegre bando
De passarinhos da gaiola escapo
— Fica um pouco de trapo em cada espinho
E uma gota de sangue em cada trapo.

Descem rindo e cantando, em vozeria
E em confusão. Toda a floresta, cheia

Do murmúrio das fontes, da alegria
Deles, da voz dos pássaros, gorjeia.
Tudo é festa. Severos e calados,
Os velhos troncos, plácidos ermitas,
Os próprios troncos velhos, remoçados,
Riem no riso em flor das parasitas.

Varando acaso às árvores a sombra
Da folhagem que à brisa arfa e revoa,
Na verde ondulação da úmida alfombra
O ouro leve do sol bubuia à toa;
A água das cachoeiras, clara e pura,
Salta de pedra em pedra, aos solavancos;
E a flor de S. João se dependura
Festivamente à beira dos barrancos...

Vão alegres, ruidosos... Mas no meio
Dessa alegria palpitante e louca,
          Que transborda do seio
E transbordada canta e ri na boca,
Uma mulher, absorta, acabrunhada,
Segue parando a cada passo, e a cada
Instante os olhos para trás volvendo:
De além, do fundo dessas selvas brutas
Chama-a, seu nome em lágrimas gemendo,
Uma vozinha ansiosa e suplicante...

Mãe, onde geme que tão bem o escutas
          Teu filho agonizante?

IV

De repente, como um agouro e uma ameaça,
Um alarido de vozes estranhas passa
Na rajada do vento...

           Estacam.

                              Como um bando
De ariscos caitetus farejando a matilha,
Imóveis, alongado o pescoço, arquejando,
Presa a respiração, o olhar em fogo, em rilha
Os dentes, dilatada a narina, cheirando
A aragem, escutando o silêncio, espreitando
A solidão; assim, num alarma instintivo,
Estaca e põe-se alerta o bando fugitivo.

Nova rajada vem, novo alarido passa...

Como, topando o rastro inda fresco da caça,
Uiva a matilha enquanto inquire o chão agreste,
E de repente, em fúria, alvoroçada investe
E vai correndo e vai latindo de mistura;
Rosna aos dar-lhes na pista a escolta que os procura,
E morro abaixo vem ladrando-lhes no encalço.

Grita e avança em triunfo a soldadesca ufana.

E os frangalhos ao vento, em sangue o pé descalço,
Alcatéia usurpando a forma e a face humana,
Almas em desespero arfando em corpos gastos,
Mães aflitas levando os filhinhos de rastos,
Homens com o duro rosto em lágrimas, velhinhos
Esfarrapando as mãos a tatear nos espinhos;
Toda essa aluvião de caça perseguida
Por um clamor de fúria e um tropel de batida,
Foge... Rompendo o mato e rolando a montanha,
Foge... E, moitas adentro e barrocais afora,
Arrasta-se, tropeça, esbarra, se emaranha,
Arqueja, hesita, afrouxa, e desanima, e chora...

Param.

Perto, bramindo, a escolta o passo estuga.
Os fugitivos, nesse aproximar da escolta
Sentem que vai chegando o epílogo da fuga:
A gargalheira, a algema, as angústias da volta...

Além, fulge na luz da manhã leve e clara,
O contorno ondulante e azul do Jabaquara.
Adeus, terra bendita! Adeus, sonho apagado
De ser livre! É preciso acordar, e acordado
Ver-te ainda, e dizer-te um adeus derradeiro,
E voltar, para longe e para o cativeiro.

Sobre eles, novamente, uma funérea noite
Cai, para sempre...

Como a trôpega boiada,
Que, abrasada de sede e tangida do açoite,
Se arrasta pela areia adusta de uma estrada;
Volverão a arrastar-se, humildes e tristonhos,
Tangidos do azorrague e abrasados de sonhos,
Pelo deserto areal desse caminho estreito:
A vida partilhada entre a senzala e o eito...

Agrupam-se, vencidos,
A tremer, escutando o tropel e os rugidos
Da escolta cada vez mais em fúria e mais perto.
Nesse magote vil de negros maltrapilhos
Mais de um olhar, fitando o vasto céu deserto,
Ingenuamente exprobra o Pai que enjeita os filhos...

Destaca-se do grupo um fugitivo. Lança
Em torno um longo olhar tranqüilo, de esperança,
E diz aos companheiros:

"Fugi, correi, saltai pelos despenhadeiros;
A várzea está lá em baixo, o Jabaquara é perto...
Deixai-me aqui sozinho.
Eu vou morrer, decerto...
Vou morrer combatendo e trancando o caminho.
A morte assim me agrada:
Eu tinha de voltar p'ra conservar-me vivo...
E é melhor acabar na ponta de uma espada
Do que viver cativo".

E enquanto a caravana
Desanda pelo morro atropeladamente,
Ele, torvo, figura humilde e soberana,
Fica, e a pé firme espera o inimigo iminente.

Hércules negro! Corre, abrasa-lhe nas veias
Sangue de algum heróico africano selvagem,
Acostumado à guerra, a devastar aldeias,
A cantar e a sorrir no meio da carnagem,
A desprezar a morte espalhando-a às mãos-cheias...

Não pôde a escravidão domar-lhe a índole forte,
E vergar-lhe a altivez, e ajoelhá-lo diante
        Do carrasco e da algema:
Sorri para o suplício e a fito encara a morte
        Sem que lhe o braço trema,
Sem que lhe ensombre o olhar o medo suplicante.

Erguendo o braço, ele ergue a foice: a foice volta.
E rola sobre a terra uma cabeça solta.
Sobre ele vem cruzar-se o gume das espadas...
"Ah, prendê-lo, jamais!" respondem as foiçadas
Turbilhonando no ar, e ferindo, e matando.

De lado a lado o sangue espirra a jorros... Ele,
Ágil, possante, ousado, heróico, formidando,
Faz frente: um contra dez, defende-se e repele.

E não se entrega, e não recua, e não fraqueja.
Tudo nele, alma e corpo ajustados, peleja:
O braço luta, o olhar ameaça e desafia,
A coragem resiste, a agilidade vence.

E, coriscando no ar, a foice rodopia.

Afinal um soldado, ébrio de covardia,
Recua; vai fugir... Recua mais; detém-se:

Fora da luta, sente o gosto da chacina;
E vagarosamente alçando a carabina,
Visa, desfecha.

O negro abrira um passo à frente,
Erguera a foice, armava um golpe...

De repente
Estremece-lhe todo o corpo fulminado.

Cai-lhe das mãos a foice, inerte, para um lado,
Pende-lhe, inerte, o braço. Impotente, indefeso,
Ilumina-lhe ainda a face decomposta
Um derradeiro olhar de afronta e de desprezo.

Como enxame em furor de vespas assanhadas,
Assanham-se-lhe em cima os golpes sem resposta,
E retalham-no à solta os gumes das espadas...

E retalhado, exausto, o lutador vencido
Todo flameja em sangue e expira num rugido.

CANTIGAS PRAIANAS

I

Ouves acaso quando entardece
Vago murmúrio que vem do mar,
Vago murmúrio que mais parece
        Voz de uma prece
        Morrendo no ar?

Beijando a areia, batendo as fráguas,
Choram as ondas; choram em vão:
O inútil choro das tristes águas
        Enche de mágoas
        A solidão...

Duvidas que haja clamor no mundo
Mais vão, mais triste que esse clamor?
Ouve que vozes de moribundo
        Sobem do fundo
        Do meu amor.

II

É tão pouco o que desejo,
Mas é tudo o que me falta,
Só porque a flor do teu beijo
Pende de rama tão alta...

Ninguém sabe o que suporta
O mar que chora na areia
Por essa tristeza morta
Das noites de lua cheia:

Em baixo, o pranto das águas,
Em cima, a lua serena...
E eu, pensando em minhas mágoas,
Ouço o mar, e tenho pena.

Meu amor é todo feito
De neblina tão cerrada,
Que por mais que em roda espreito
Só te vejo a ti, mais nada.

Ai, minha sina está lida,
Meu destino está traçado:
Amar, amar toda vida,
Morrer de não ser amado.

III

Vai, branca e fugidia,
A nuvem pelo ar:
Roça de leve a lua,
Embebe-se em luar.

E toda resplandece
No brilho do luar,
Mas pouco a pouco passa
E perde-se no ar.

Minha alma na tua alma
— Nuvem que trouxe o vento —
Passou por um instante,
Roçou por um momento.

E toda luminosa
Brilhou... Foi um momento:
Passou como uma nuvem
Levada pelo vento.

Eu refleti apenas
Um brilho que era teu;
Passei, e tu ficaste,
Ficou contigo o céu.

Sonhei... Que belo sonho
Vivido em pleno céu!
Mas, ai! sonhei apenas
Um sonho todo teu...

A vida era uma aurora,
E a tua voz suave
Cantava em meu ouvido
Como um gorjeio de ave.

Mentias... E a mentira
Era um gorjeio de ave...
Morresse eu enganado
De engano tão suave!

Que angústias na lembrança
De tudo que perdi!
Ai, beijos desse lábio
Que hoje nem me sorri!...

Vestígio derradeiro
Que me ficou em ti,
Bendita esta saudade
De tudo que perdi!

Sim, eu bendigo em pranto
O amor abandonado
Que foi um dia o sonho
De amar e ser amado.

Quem ama sempre, um dia
Deixa de ser amado:
Somente o amor que foge
Não é abandonado...

Que resta em nós agora
Da primavera em flor?
Em ti, o esquecimento,
Em mim, o meu amor.

Amor desfeito em mágoa
Mas abençoado amor,
Que foi, um dia ao menos,
A primavera em flor...

IV

Maria!... Nome tão doce,
Nome de santa... Parece
Que o digo como se fosse
O resumo de uma prece.

Tem tão mística doçura...
Abre asas à fantasia:
"Maria!" — o lábio murmura,
E a alma ecoa: "Ave, Maria!"

Mal sabes tu que desprezas
Os olhos com que te sigo,
Que meus olhares são rezas
Ditas baixinho, comigo...

Mal sabes, santa Maria,
Que em tudo que sonho e penso
Teu nome paira e irradia
Como entre nuvens de incenso.

Maria, nome tão doce...
É o teu nome... Parece
Que o digo como se fosse
O resumo de uma prece.

Murmuro-o devotamente:
E a essa oração, se levanta
No meu êxtase de crente
A tua imagem de santa.

E então, alma e olhar submersos
Num clarão de alampadário,
Vou desfiando estes versos
Como as contas de um rosário...

V

Eu sou como aquela fonte
Que vai tão triste, a chorar:
Desce da encosta do monte,
Corre em procura do mar.

Perdição da minha vida,
Meu amor! bem compreendo
Onde vou nesta descida...
E vou chorando e descendo.

Pobre da fonte, baqueia
Na vargem, sempre a chorar,
E turva, turva de areia,
Corre... corre para o mar...

Perdição de minha vida,
Amor que me vais levando!
Terá fim esta descida?
Há de ter... Mas onde? e quando?

Com pouco mais que descaia
Lá vai a fonte parar:
Chega na beira da praia...
Morre nas ondas do mar...

VI

Sobe o sol? A noite desce?
Dia e noite são-me iguais:
Se tu chegas, amanhece,
Fica noite se te vais.

Os meus olhos são de cego
Para o que de ti se aparte:
Só em te ver os emprego,
Mal me bastam para olhar-te.

Gorjeie o sabiá gemendo
Nas aroeiras em flor:
Mal o escuto e não o entendo,
Que só sei do meu amor.

Que há de entender no exagero
Das queixas dos infelizes
Quem ama como eu te quero
E escuta o que tu me dizes?

Sei que há roseiras viçosas
Porque, com os olhos em ti,
Vejo cobrir-se de rosas
Um lábio que me sorri.

Seja abril ou junho, quando
Eu estou à tua espera,
Logo que tu vens chegando
Principia a primavera.

VIII

Do que sofro sem queixar-me
Sois causa sem o supor:
Matais-me, e sois inocente,
Que eu expio unicamente
O crime do meu amor.

Matais-me; e é meu, e não vosso
Esse crime sem perdão,
O crime de um suicida
Que em sonhos esbanja a vida
Sabendo que sonha em vão.

IX

Vida, que és o dia de hoje,
O bem que de ti se alcança
Ou passa porque nos foge,
Ou passa porque nos cansa.

Ainda mesmo quando ocorre
Na vida dos mais felizes,
O prazer floresce, e morre,
A mágoa deita raízes.

Tem alicerces de areia
O que constróis cada dia,
Vida que corres tão cheia
Para a morte tão vazia.

Haverá queixa mais justa
Que a do feliz que se queixa?
Ai, o bem que menos custa
Custa a saudade que deixa.

DE MANHÃ

I

Na minha torturada insônia de doente
Passei horas a ouvir a noite: longamente
Ouvi chorar, gemer, águas e vento sul.

Raia agora a manhã no céu já todo azul.

Ao longe, a voz de um galo, insistente e exaltada,
Soa como os clarins no toque da alvorada.

Acudo ao teu chamado instante, amiga voz!
Acordo; esperto o olhar tonto de sono; e após
— Do meu leito de enfermo onde há tanto desvivo —
Solto pela janela os olhos de cativo.

Ver é o supremo bem.
                        Surpreendo-me a cismar
Se a alma será, talvez, uma função do olhar...
É com os olhos que eu sinto, e compreendo — ou suponho.

A vida é para mim como a névoa de um sonho
— Névoa confusa de um sonho material
A que somente o olhar, de certo modo, e mal,
Dá, com as formas e a cor, expressão e sentido.

Não desdenho do tato, e não desprezo o ouvido:
Conheço bem aquela "inefável pressão
Da mão amada quando encontra a nossa mão
E brandamente, e como achando um ninho, pousa..."

Sei que um beijo de amante é uma bem doce coisa:
Mas no encanto do beijo esfaimado de amor
Há muito da visão rósea de um lábio em flor.

Ao contato da mão, ou num lírio, ou num verme,
É a sugestão do olhar que domina a epiderme.

Que uma sombra mortal, como pesado véu,
Amortalhasse o Sol — todo o infinito Céu,
Toda a face, enrugada e rígida, da Terra...
Que restaria em nós de quanto a vida encerra?

No que o ouvido escuta — é o olhar que traduz:
Para a imaginação do homem órfão da luz
Que exprimiria o som — canto, sussurro, grito,
Ribombo de trovão rolando no infinito

Ou palavras de amor em lábios de mulher?
Diluindo-se na paz da tarde rosicler
Canto saudoso ou prece humilde, murmurinho
Que subisse de um templo ou descesse de um ninho?

Leve zumbir de abelha em torno de uma flor
Ou rugidos do mar lívido de furor,
Que entendera a alma, cega e inútil, no mais doce
Dos murmúrios, na voz mais alta, que não fosse
Vago e impreciso som, inexpressivo, irreal,
Confundindo num vão rumor universal?

Nunca tivesse o olhar humano convivido
Com a natureza; nunca houvesse o homem subido,
Pelos olhos, suave escada de Jacó,
Da Terra e de si mesmo, isto é, de lama e pó,
Para a resplandecência astral e inacessível
Do céu — ermo sem fim, tão belo e tão terrível;
Ignorasse o abandono e a saudade do sol
Que inspira à noite a voz triste do rouxinol;
Desconheces a luz, que desenha as paisagens,
Que entremeia no verde alegre das folhagens
O ouro vivo da serra e o sorriso da flor;
Que faz da primavera um sonho multicor;
Que junto da montanha erguida eternamente
Para o longínquo céu — como um gesto impotente

E imóvel de Titã — mostra, subindo no ar,
Do sossego de um vale o fumo azul de um lar;
Desconheces a luz que revela a beleza,
A luz, que espiritualiza a Natureza,
Que, num foco fugaz de espuma sem valor,
Cria a mais deslumbrante apoteose da cor;
Não aprendesse, amando a luz fecunda, o forte
Horror da sombra, horror do vácuo, horror da morte:

Encerrado em si mesmo e chumbado no chão,
Insulado na funda, imensa solidão
Que em derredor do cego a cegueira dilata;
O homem, órfão da luz, na Terra estreita e chata,
Quase só conhecendo o Universo — através
Do pedaço de solo em que pousasse os pés,

Dentro da escuridão de su'alma vazia
Que humilde sonho de molusco sonharia?

II

Ver é o supremo bem. Eu insisto em cismar
Se a alma será, talvez, uma função do olhar...

Cegos, nunca saibais verdade tão doída
Para a cegueira: o olhar vale mais do que a vida.

É nas lições do olhar que aprendemos o Bem,
E o Mal: o amor, o asco, a piedade, o desdém.

A dor que vemos dói como se em nós doesse.

Exprime uma verdade inconsolável esse
Provérbio tão brutal e tão justo no seu
Conceito imparcial de máxima egoísta
Que condena o esquecido e absolve o que esqueceu,
Dizendo-lhes com voz igual: "Longe da vista
Longe do coração"...

Olhar, fonte perene e viva da Emoção!

Toda a fisionomia humana se ilumina
Ou tempestua pelo olhar — luz matutina
Ou fulgor de corisco em céu de temporal;
Ardente, ou frio como o gume de um punhal;
Dando, radioso ou turvo, expressão e eloqüência
À cólera, à ternura, à energia, à demência;
Abrindo a alma como a um clarão de luz solar
Ou vago como um pôr-de-sol à beira-mar;
Iluminando o rosto, ou, enevoado em mágoa,
Boiando inerte a flux de uns olhos rasos d'água...

III

A inspiração de um poeta é como solo inculto
Que à toa se abre em flor:

Todo esse turbilhão de idéias em tumulto
Que, nem eu sei porque, rimei com tanto ardor,
Veio-me de ter visto
— Pela janela do meu quarto de doente —
— Que maravilha?

— Isto:

Um trecho muito azul de céu alvorecente;
Um pedaço de muro engrinaldado de hera;
E, resumo feliz de toda a Primavera,

Ao leve sopro de uma aragem preguiçosa,
O balanço de um galho embalando uma rosa...

FANTASIAS DO LUAR

Entre nuvens esgarçadas
No céu pedrento flutua
A triste, a pálida lua
   Das baladas.

Frouxo luar sugestivo
Contagia a natureza
Como de um ar de tristeza
   Sem motivo.

Tem vagos tons de miragem,
De um desenho sem sentido,
O conjunto descosido
   Da paisagem.

A apagada fantasia
Do colorido — parece
De um pintor que padecesse
   De miopia.

Tudo, tudo quanto existe,
Extravaga, e se afigura
Tomado de uma loucura
   Mansa e triste.

O longo perfil do Monte
— Como um rio de água verde —
Corre ondulado, e se perde
No horizonte.

E sobre essa imaginária
Turva corrente, projeta
A alva igreja a sua seta
Solitária.

Assim, de um ermo barranco
A garça alonga no rio
O seu vulto, muito branco,
Muito esguio.

Sonha, imóvel... E acredito
Que de súbito desperte
Aquele fantasma inerte
De granito.

Dorme talvez... Qualquer coisa
No seu sono se disfarça
De asa encolhida de garça
Que repousa;

E eu cuido vê-la, a cada hora,
Animar-se; e de repente
Subir sossegadamente
Céu a fora...

*

Há um lirismo disperso
Nos ares... O próprio vento,
Esse bronco, esse praguento,
Fala em verso:

Voz forte, bruscas maneiras,
Pela boca pondo os bofes,
O vento improvisa estrofes
Condoreiras.

Beijam-se as frondes, arrulam,
Trocam afagos, promessas...
E as árvores secas, essas
Gesticulam.

Gesticulam, como espectros,
No vácuo, tentando abraços
Com seus descarnados braços
De dez metros.

Algum trovador de esquina
Canta a paixão que o devora;
E a sua voz geme, chora,
Desafina.

Ao longe um eco repete
O canto, frase por frase,
Em tom abrandado, quase
Sem falsete.

Nem castelã falta a esse
Castelo: na luz da lua,
Branca, airosa, seminua,
Resplandece,

Numa pose pitoresca
De romance ou de aquarela,
A burguesa que à janela
Goza a fresca.

*

O olhar, o ouvido, a alma inteira
Vê, ouve, acredita, sente
Quanto sonhe, quanto invente,
Quanto queira,

Quando, ó lua das baladas,
Forjas visões indistintas
Com esse aguado das tintas
Estragadas.

PALAVRAS AO MAR

Mar, belo mar selvagem
Das nossas praias solitárias! Tigre
A que as brisas da terra o sono embalam,
A que o vento do largo eriça o pêlo!
Junto da espuma com que as praias bordas,
Pelo marulho acalentada, à sombra
Das palmeiras que arfando se debruçam
Na beirada das ondas — a minha alma
Abriu-se para a vida como se abre
A flor da murta para o sol do estio.

Quando eu nasci, raiava
O claro mês das garças forasteiras;
Abril, sorrindo em flor pelos outeiros,
Nadando em luz na oscilação das ondas,
Desenrolava a primavera de ouro:
E as leves garças, como folhas soltas
Num leve sopro de aura dispersadas,
Vinham do azul do céu turbilhonando
Pousar o vôo à tona das espumas...

É o tempo em que adormeces
Ao sol que abrasa: a cólera espumante,
Que estoura e brame sacudindo os ares,

Não os sacode mais, nem brame e estoura;
Apenas se ouve, tímido e plangente,
O teu murmúrio; e pelo alvor das praias,
Langue, numa carícia de amoroso,
As largas ondas marulhando estendes...

Ah! vem daí por certo
A voz que escuto em mim, trêmula e triste,
Este marulho que me canta na alma,
E que a alma jorra desmaiado em versos;
De ti, de ti unicamente, aquela
Canção de amor sentida e murmurante
Que eu vim cantando, sem saber se a ouviam,
Pela manhã de sol dos meus vinte anos.

Ó velho condenado
Ao cárcere das rochas que te cingem!
Em vão levantas para o céu distante
Os borrifos das ondas desgrenhadas.
Debalde! O céu, cheio de sol se é dia,
Palpitante de estrelas quando é noite,
Paira, longínquo e indiferente, acima
Da tua solidão, dos teus clamores...

Condenado e insubmisso
Como tu mesmo, eu sou como tu mesmo
Uma alma sobre a qual o céu resplende
— Longínquo céu — de um esplendor distante.
Debalde, ó mar que em ondas te arrepelas,
Meu tumultuoso coração revolto
Levanta para o céu, como borrifos,
Toda a poeira de ouro dos meus sonhos.

Sei que a ventura existe,
Sonho-a; sonhando a vejo, luminosa,
Como dentro da noite amortalhado
Vês longe o claro bando das estrelas;
Em vão tento alcançá-la, e as curtas asas
Da alma entreabrindo, subo por instantes...
Ó mar! A minha vida é como as praias,
E o sonho morre como as ondas voltam!

*

Mar, belo mar selvagem
Das nossas praias solitárias! Tigre
A que as brisas da terra o sono embalam,
A que o vento do largo eriça o pêlo!
Ouço-te às vezes revoltado e brusco,
Escondido, fantástico, atirando
Pela sombra das noites sem estrelas
A blasfêmia colérica das ondas...

Também eu ergo às vezes
Imprecações, clamores e blasfêmias
Contra essa mão desconhecida e vaga
Que traçou meu destino... Crime absurdo
O crime de nascer! Foi o meu crime.
E eu expio-o vivendo, devorado
Por esta angústia do meu sonho inútil.
Maldita a vida que promete e falta,
Que mostra o céu prendendo-nos à terra,
E, dando as asas, não permite o vôo!

*

Ah! cavassem-te embora
O túmulo em que vives — entre as mesmas
Rochas nuas que os flancos te espedaçam,
Entre as nuas areias que te cingem...
Mas fosses morto, morto para o sonho,
Morto para o desejo de ar e espaço,
E não pairasse, como um bem ausente,
Todo o infinito em cima de teu túmulo!

Fosses tu como um lago,
Como um lago perdido entre montanhas:
Por só paisagem — áridas escarpas,
Uma nesga de céu como horizonte...
E nada mais! Nem visses nem sentisses
Aberto sobre ti de lado a lado
Todo o universo deslumbrante — perto
Do teu desejo e além do teu alcance!

Nem visses nem sentisses
A tua solidão, sentindo e vendo
A larga terra engalanada em pompas
Que te provocam para repelir-te;
Nem, buscando a ventura que arfa em roda,
A onda elevasses para a ver tombando,
— Beijo que se desfaz sem ter vivido,
Triste flor que já brota desfolhada...

*

Mar, belo mar selvagem!
O olhar que te olha só te vê rolando
A esmeralda das ondas, debruada
Da leve fímbria de irisada espuma...
Eu adivinho mais: eu sinto... ou sonho
Um coração chagado de desejos
Latejando, batendo, restrugindo
Pelos fundos abismos do teu peito.

Ah, se o olhar descobrisse
Quanto esse lençol de águas e de espumas
Cobre, oculta, amortalha!... A alma dos homens
Apiedada entendera os teus rugidos,
Os teus gritos de cólera insubmissa.
Os bramidos de angústia e de revolta
De tanto brilho condenado à sombra,
De tanta vida condenada à morte!

*

Ninguém entenda, embora,
Esse vago clamor, marulho ou versos,
Que sai da tua solidão nas praias,
Que sai da minha solidão na vida...
Que importa? Vibre no ar, acorde os ecos
E embale-nos a nós que o murmuramos...
Versos, marulho! amargos confidentes
Do mesmo sonho que sonhamos ambos!

TROVAS

Ouve: se amor é pecado,
Eu, pecador, me confesso
De tudo quanto anda impresso
Em meu olhar enlevado.

Se com isso estou perdendo
A minh'alma transviada,
— Minh'alma não vale nada...
Eu peco, e não me arrependo.

Deste ardor em que me inflamo
Direi, para ser sincero,
Que dele somente espero
Amar-te mais do que te amo.

Se rezo, nas minhas preces
Só peço a Deus essa graça:
Que me conceda e me faça
Amar-te quanto mereces.

Eu vivo tão descuidado
De tudo mais desta vida,
Que nem me ocorre, querida,
A idéia de ser amado.

Amor com o feitio desse
Que a si mesmo renuncia,
— Como te agradeceria
O que eu por ti padecesse!

Deixa tu, pois, que se farte
Meu olhar impenitente
Todo embebido e contente
Da só ventura de olhar-te.

Sem razão foras severa
Com a pobre de uma roseira
Porque ela, queira ou não queira,
Dá rosas, se é primavera...

Deus, que nos pôs face a face
E deu-me os olhos que tenho,
Nisso mostrou certo empenho
Em que eu te visse — e te amasse.

Por força de lei divina
E não, decerto, por gosto,
Quando pousa no teu rosto
O meu olhar se ilumina.

Perdoa a muda insistência
Dos olhos que a ti levanto:
Olhar-te é o supremo encanto
De toda a minha existência.

Olhar-te... Delícia calma!
Mar tranqüilo e sem escolhos!
É o pecado dos meus olhos
E a salvação da minh'alma.

Confesso-me, nada nego:
Amo-te... E nisto de amar-te
Só tenho de minha parte
A culpa de não ser cego.

É meu destino, que queres?
Eu te amo porque me encantas
— Tu, a mais linda das santas
E a mais santa das mulheres.

A PARTIDA DA MONÇÃO

Ei-las, as toscas naus de borda rastejante
À flor das águas, naus de estreitos rios quietos,
Ei-las, prestes a abrir para o sertão distante
O seu vôo, arrastado e sem glória, de insetos.

Nem o porte arrogante, o sobranceiro aprumo
— Altivo no descanso e ousado nos tufões —
Dessas águias que vão bordejando sem rumo
Pelo acaso do mar, feito de turbilhões;

Nem a airosa altivez de velas desfraldadas
Fulgindo ao sol, ao vento abroquelando o bojo;
Nem proas, a romper ondas e espumaradas,
Pelos parcéis em fúria arroteando o rebojo;

Nada disso que faz o petulante orgulho
De afoitos bergantins e galeras reais:
Calcar a onda, rompê-la, ouvindo no marulho
A comemoração de seus passos triunfais;

Nem adiante, acirrando o desejo atrevido
De aventura e perigo, ânsias de glória, em suma,
— A infinita extensão do mar ermo, perdido
Nos confins do horizonte amortalhado em bruma;

Nem o arroubo, a poesia, a esperança fogosa
De ir ao longe, através das ondas, conquistar
A nudeza pagã e a virgindade ociosa
De ermas ilhas em flor nas solidões do mar...

II

Humildes, toscas naus de borda rastejante
À tona d'água, naus de estreitos rios quietos,
Vão apenas abrir para o sertão distante
O seu vôo, arrastado e sem glória, de insetos.

Levadas no pendor macio da corrente,
Irão seguindo, irão seguindo sem rumor
E sem vontade, mole e resignadamente,
Por um rumo servil, forçado e encantador.

A raiva dos tufões (como a grita afastada
De eco em eco se adoça em suspiro de mágoas)
Esvaída, a morrer de quebrada em quebrada,
Mal roçará de leve a face azul das águas.

Em todo o curso, a terra ao lado, seio amigo,
Companheira constante e proteção fiel,
Pondo o socorro à mão nas ânsias do perigo,
Dando ao gozo do olhar delícias de um vergel.

E o rio, manso, manso... a ondular, murmurando
O seu murmúrio igual, monótono estribilho,
Morosa cantilena, em voz baixa e em tom brando,
De mãe que embala o berço onde repousa o filho.

E o rio, manso, manso... a embalá-las, descendo,
No balanço sutil da mole ondulação,
E a arrastá-las, de leve, assim, para o tremendo,
Para o longínquo, vago, infinito sertão...

III

Hão de em breve surgir, pelas margens sinuosas
Florestas virgens de onde um confuso rumor
Sobe de solidões profundas, misteriosas,
Como um uivo agourento, um uivo ameaçador.

Voz sem eco, a não ser na alma de quem a escuta,
Surdo resfolegar de monstro provocado
Que de repente acorda e, prestes para a luta,
Abre a goela de sombra, e espera, sossegado.

Sossegado, seguro, apercebido, espera
Os que lhe vêm trazer, fanática oblação,
Corações para a flecha e sangue para a fera,
Carniça para o abutre e ossadas para o chão.

A oculta sucuri, das ervas no disfarce,
Ergue a cabeça, afirma o olhar esconso e fusco,
E vagarosamente, e como a espreguiçar-se,
Desenrodilha o corpo e apresta o salto brusco.

Na sombra eternamente apagada, noturna,
De fundos socavões virgens da luz solar,
Em cada gruta, em cada escuro, em cada furna,
Relampejam fuzis nos olhos de um jaguar...

IV

Depois da mata escura, o campo undoso e verde,
Banhado em sol, fechado em céu ao longe; e assim
Tão vasto e nu, que o olhar se fatiga e se perde
Num esplendor sem sombra e num ermo sem fim.

Paira, grassa em redor, toda a melancolia
De uma paisagem morta, igual, deserta e imensa,
Pondo nos olhos e nas almas que enfastia
Um peso ainda maior que a dor, a indiferença.

Desanimado, absorto, ante essa indefinida
Solidão que se espraia além, além... o olhar
Tem a impressão que faz a tristeza da vida:
De ir seguindo, seguindo... e nunca mais voltar.

Sobre os dias irão caindo as noites... Vastas
Noites de um céu que é todo azul de lado a lado,
Quando, ó triste luar das planícies, afastas
Ainda mais, ainda mais, o horizonte afastado...

V

De repente, uma flecha alígera sibila.
De onde veio? Da sombra. E a sombra, de repente,
— Traição da cascavel numa alfombra tranqüila —
Principia a silvar com silvos de serpente.

Por toda parte a larga escuridão se anima
Desse leve rumor que espalha a morte, e sai
Do chão e voa, ou vem rastejante, ou, de cima,
Salpicado, vivaz, como um granizo, cai...

Bruscamente borbulha em fantasmas a margem
Agitada do rio. O clarão da metralha
Responde à sombra. E de eco em eco a imensa vargem
Reboa de um fragor de guerra e de batalha.

Eis o caminho aberto ao triunfo e à conquista.
— Como a corça ferida escapa e foge em vão,
Deixando atrás, deixando, úmida e fresca, a pista
De seu flanco rasgado e sangrando no chão;

Fugitiva e dispersa, a turba dos vencidos
Atrai, guia, conduz para a tribo distante,
Para a perdida paz de seus lares traídos.
A guerra, o cativeiro, a morte: o bandeirante.

Ferve a luta. De serra a serra voa o rouco
Som da inúbia, acordando ecos e legiões;
Ouriço monstruoso, o sertão, pouco a pouco
Todo se eriça das flechas de cem nações...

VI

Ei-las, as toscas naus de borda rastejante
À flor das águas, naus de estreitos rios quietos;
Ei-las, prestes a abrir para o sertão distante,
Para assombros de glória, o seu vôo de insetos.

Apinhem-se na praia os velhos, derramando
De encarquilhadas mãos inúteis para mais
A bênção dos que já se sentem bruxoleando
Aos que lhes vão tornar os nomes imortais.

Mães, deixai que, sonhando, a vista embevecida
De vossos filhos pouse, e se ilumine, e aprenda
Nessa formosa folha em que o livro da vida
Tem estrofes de poema e proporções de lenda.

Noivas, com os corações envoltos na penumbra
Indecisa do amor que se orgulha e se dói,
Vinde trazer-lhes vosso olhar de que ressumbra
Saudade pelo amante e enlevo pelo herói...

Ao largo, enfim! Clarins e buzinas atroam.
E as canoas, na luz da manhã cor-de-rosa,
Pairam por um momento em pleno rio; aproam
Para o sertão. E rompe a marcha vagarosa.

Nos barrancos, até rente d'água investidos
De filhos a sorrir e de mães a chorar,
Lancem as frouxas mãos e os olhos comovidos
O derradeiro adeus e o derradeiro olhar...

VII

Longe, na solidão do campo undoso e verde,
O rio serpenteia. Em cada contorção
Mais se afasta. E a fugir, pouco a pouco se perde
No majestoso, vago, infinito sertão...

NO MAR LARGO

Ó lua bendita
Que vens clarear
A sombra infinita
Da noite no mar!

Como princesa encantada
Que um leve sonho conduz,
Surges do mar, coroada
De um nimbo de ouro e de luz.

Surges; e à tua presença,
O céu, criado por ela,
De dentro da noite imensa
Surge, e se azula, e se estrela.

Ó lua bendita
Que vens clarear
A sombra infinita
Da noite no mar!

Surgida do mar infindo,
O infindo céu te seduz
— Campo em flor que vês fulgindo
Em flores de ouro e de luz;

Teu passo, lento, caminha...
Onde vais? É longe? É perto?
Sobes, absorta e sozinha,
Pelo azul, vasto e deserto.

Ó lua bendita
Que vens clarear
A sombra infinita
Da noite no mar!

Lua, lua, não te apresses:
Mais sobes, mais se reduz
No alvor em que empalideces
Teu nimbo de ouro e de luz...

Onde o teu sonho te arrasta?
A que destino? A que termo?
Segues... A noite é tão vasta
Pelo azul do céu tão ermo...

Ó lua bendita
Que vens clarear
A sombra infinita
Da noite no mar!

Tão alto que tu subiste!
Tão longe!... Do céu a flux,
Vagueias, pálida e triste,
Entre as flores de ouro e luz...

Como entristece da tua
Ausência, ou das tuas mágoas
O mar que deixaste, ó lua,
Lua surgida das águas!

Ó lua bendita
Que vens clarear
A sombra infinita
Da noite no mar!

Como uma lágrima prestes
A rolar, pairas suspensa
Lá dos páramos celestes,
Lá do azul da noite imensa:

De todo o céu luminoso
Sobre todo o escuro mar
Desce o alvor silencioso
Do luar...

E o mar, sob a triste alvura
Desse lívido sudário,
Ermo e vago, se afigura
Mais vago, mais solitário ...

Ó linda princesa
Que vens aumentar
A imensa tristeza
Da noite no mar!

A VOZ DO SINO

I

Tarde triste e silenciosa
De vila de beira-mar:
Uma tarde cor-de-rosa
Que vai morrendo em luar...

Ao longe, a várzea cintila
De uns restos de sol poente;
Mas, por sobre toda a vila
— Do morro a que fica rente
Desce uma sombra tranqüila —
E anoitece lentamente.

Não aparece viv'alma.

Nem rumor da natureza,
Nem eco de voz humana
Perturba a infinita calma,
A solitária tristeza
Da pobre vila praiana.

Nem se ouve o mar, longe, e manso.

A tudo, em redor, invade
Um ar de mole descanso...

Silêncio... Imobilidade...

Como que, interrompida,
A correnteza da vida
Fez neste ponto um remanso.
De súbito, rumoreja
Violentamente o ar:
Na torrezinha da igreja
Rompe o sino a badalar.

Ponho-me atento, a escutá-lo:
Que diz, alto e repentino,
Esse bater de um badalo
Num sino?

Badalo que assim badalas
No sino que assim ressoa,
Aves, já nenhuma voa:
Dormem; e vais acordá-las
À toa...

Vais espantar quanta moça
Aí pelos arredores
Depois de um dia de roça,
De enxada e de soalheira,
Dedica a tarde ligeira
A tarefas bem melhores:

Pelas discretas beiradas
De alguma fonte; fiadas
Na proteção pitoresca
De ramagens, folhas, flores;

Que fazem elas? Coitadas,
Bebem, nas mãos, água fresca...
Lavam as caras tostadas...
Ou cuidam dos seus amores...

Badalo que assim badalas
No sino que assim ressoa,
Olha que vais espantá-las
À toa...

Badalas... E eu que te falo
Não sei e nem imagino
Que pretendes tu, badalo,
A bater, bater no sino.

Talvez convoques a ceia
Pescadores que, lidando,
Nem viram que entardeceu;
Algum se estendeu na areia
A descansar; senão quando,
De cansado adormeceu...

Badala-me assim, badala:
Esperta este dorminhoco;
Que ou ele, acordando, abala,
Ou fica dormindo — e em troco
Da sua madraçaria,
Chegando à casa atrasado
Acha no fogo apagado
A caldeirada já fria.

Badalo que assim badalas
No sino que assim atroa,
Por que é que tão alto falas
À toa?

A andar com menos demora
Talvez tua voz compila
Certo rei dos mandriões
Encarregado em má hora
De, nas três ruas da vila,
Acender os lampiões...

Chamas, talvez, ao seu posto...
Quem? algum camaroeiro
Retardado e mal disposto
A seguir para o pesqueiro?
Badala-lhe que é sol posto,
Que a lua cheia está fora,
Que, com pequena demora,
Vai a maré a vazar:
Para chegar à costeira
Tem ele uma légua inteira
De caminho a caminhar,
Vencendo-a de combro em combro,
De atoleiro em atoleiro,
Com o remo e o puçá no ombro
E, na mão, o candeeiro...

Ruidoso sino da vila!
E é por coisas tão vulgares
Que atroas assim os ares
De uma tarde tão tranqüila?

II

Badalo que assim badalas...
Que voz de repente soa
Acompanhando-te as falas
    À toa?

É voz de gente que canta...
De gente... E parece tanta.

Da humilde igreja irradia
E para o céu se alevanta
A reza da Ave, Maria.

As vozes e as badaladas
Confundem-se... Misturadas
No fervor da mesma prece,
Sobem juntas para o ar
Onde a lua resplandece
E a noite, imensa, parece
Feita do alvor do luar...

Sobre a soleira da porta
Da casa pegada à minha,
Vejo sentada a vizinha:
Moça, e bonita... Que importa?

Tem nos braços o filhinho;
Fala-lhe, toda carinho;
Ele ouve; sorri, depois,
Responde-lhe, balbucia...
E, de mãos postas, os dois
Murmuram a Ave, Maria.

Ante meus olhos perpassa
Uma visão: imagino
Maria, cheia de graça,
Jesus, loiro e pequenino.

Uma tarde cor-de-rosa...
Uma vila assim modesta,
Assim tristonha como esta...
De pescadores, também...
Sobre a planície arenosa
Por onde o Jordão deriva
Pousa a sombra evocativa
Das montanhas de Siquém...

À porta de humilde choça,
Uma mulher... Quem é ela?
É pobre... é jovem... é bela...
E é Mãe: comovida, a espaços
O seu sorriso se adoça,
O seu olhar se ilumina
Para a figura divina
Do filho que tem nos braços.

Mostra-lhe, à noite que estrela
O céu e que a terra ensombra,
Como a terra é toda sombra
Como o céu é todo luz...
E o filho, enlevado nela,
Em êxtase balbucia...
A primeira Ave, Maria
Quem a rezou foi Jesus.

Sigo o meu sonho... Imagino
Que, por todas essas roças
Aonde chega a voz do sino,

A sombra triste das choças
Frouxamente se alumia
Da vela de cera acesa
Ante uma Virgem Maria
Tendo nos braços Jesus.

É a hora augusta da reza...

Mães, pobres mães andrajosas
De filhinhos seminus,
No chão de terra ajoelhadas,
Dizem coisas misteriosas,
Palavras entrecortadas
De mágoa que se lastima,
De súplica, e de esperança

A essa outra Mãe que, lá em cima,
Na glória do céu, descansa
Do que passou neste mundo.

Ela que, com o mesmo eterno
Requinte do amor materno,
Sorriu a Jesus criança,
Chorou Jesus moribundo,

Lá, do alto céu infinito,
Olha com olhos de Santa
E de Mãe que já sofreu
Tanto coração aflito
Que se volta para o seu.

Na roça a miséria é tanta...

Quanta pobre gente, quanta,
Expia o ser mal nascida
Cumprindo a pena da vida
Como pregada a uma cruz;

E, na angústia que a quebranta,
Somente espera e antegoza
A proteção milagrosa
Da virgem Mãe de Jesus!...

Na roça a miséria é tanta...

E cada choça sombria
Para o claro céu levanta
A reza da Ave, Maria.

Não, tu não falas à toa:
Errei, confesso-o... Perdoa,
Ó sino humilde da vila,
Que assim badalas, badalas,

Na paz da tarde tranqüila;
Ó sino, que também rezas,
Ó sino, que tanto falas
À terra, toda asperezas,
Como ao céu, todo luar,
Chamando, com o mesmo zelo,
Cada infeliz — a rezar,
Nossa Senhora — a atendê-lo.

Consolador de tristezas!
Semeador de esperanças!

Aqui nestas redondezas
Não há vida tão bonanças
Nem casebre tão remoto
Onde quanto o sino diz
Não abençoe um devoto,
Não console um infeliz...

Por essas várzeas tão ermas
Onde, perdidas e sós,
Há tantas almas enfermas
De desesperos sem voz,

Onde tanto desdenhado
De Deus, que decerto o olvida,
Vive, até morrer, vergado
Ao peso da própria vida,

Vais chamar, em altos gritos
— Como se fosse a um dever —
Desamparados e aflitos
— Para o consolo de crer.

E de casebre em casebre
Onde gente, a vida inteira,
Vive de trabalho e febre,
Morre de fome e canseira,

Afirmas à angústia surda
Do mísero tabaréu
Que o brejo em que ele chafurda
— É um caminho para o céu.

A cada pobre praiano
Que, na sua dura lida
De afrontar o largo oceano,
Vive de arriscar a vida.

Tu, consoladoramente,
Falas para lhe lembrar
Que há quem reze por a gente
— E há céu por cima do mar...

Da mesma igreja alvadia
Evolam-se as badaladas
E a reza da Ave, Maria.

Evolam-se... Misturadas,
Sobem juntas para o ar
Onde, pálida e sozinha
Tão alva, que resplandece,
Tão só, que vai a sonhar,
Caminha a lua, caminha,
E o céu, imenso, parece
Feito de sonho e luar...

Humilde sino da vila,
Que assim badalas, badalas,
Na paz da tarde tranqüila;

Não, tu não falas à toa:

Percebo o que e a quem falas...

Perdoa!

SONETOS

I

A um poeta moço

Desanimado, entregas-te, sem norte,
Sem relutância, à vida; e aceitas dessa
Torrente que te arrasta — a só promessa
De ir lentamente desaguar na morte.

Que pode haver, em suma, que te impeça
De seguir o teu rumo contra a sorte?
Sonha! e a sonhar, e assim armado e forte,
Vida e mágoas, incólume, atravessa.

Ouve: da minha extinta mocidade
Eu, que já vou fitando céus desertos,
Trouxe a consolação, trouxe a saudade,

Trouxe a certeza, enfim (se há sonhos certos),
De ter vivido em plena claridade
Dos sonhos que sonhei de olhos abertos.

II

Não me culpeis a mim de amar-vos tanto
Mas a vós mesma, e à vossa formosura:
Que, se vos aborrece, me tortura
Ver-me cativo assim do vosso encanto.

Enfadai-vos. Parece-vos que, em quanto
Meu amor se lastima, vos censura:
Mas sendo vós comigo áspera e dura
Que eu por mim brade aos céus não causa espanto.

Se me quereis diverso do que agora
Eu sou, mudai; mudai vós mesma, pois
Ido o rigor que em vosso peito mora,

A mudança será para nós dois:
E então podereis ver, minha senhora,
Que eu sou quem sou por serdes vós quem sois.

III

Enganei-me supondo que, de altiva,
Desdenhosa, tu vias sem receio
Desabrochar de um simples galanteio
A agreste flor desta paixão tão viva.

Era segredo teu? Adivinhei-o;
Hoje sei tudo: alerta, em defensiva,
O coração que eu tento e se me esquiva
Treme, treme de susto no teu seio.

Errou quem disse que as paixões são cegas;
Vêem... Deixam-se ver... Debalde insistes;
Que mais defendes, se tu'alma entregas?

Bem vejo (vejo-o nos teus olhos tristes)
Que tu, negando o amor que em vão me negas,
Mais a ti mesma do que a mim resistes.

IV

Uma impressão de D. Juan

Gastei no amor vinte anos — os melhores,
Da minha vida pródiga: esbanjei-os
Sem remorso nem pena, nem galanteios,
Colhendo beijos, desfolhando flores.

Quentes olhares de olhos tentadores,
Suspiros de paixão, arfar de seios,
Conheci-os, buscaram-me, gozei-os...
Li, folha a folha, o livro dos amores.

Quanta lembrança de mulher amada!
Quanta ternura de alma carinhosa!
Sim, tanto amor que me passou na vida!

E nada sei do amor... Não, não sei nada,
E cada rosto de mulher formosa
Dá-me a impressão de folha inda não lida.

SONHO PÓSTUMO

I

Poupem-me, quando morto, à sepultura: odeio
A cova, escura e fria.
Ah! deixem-me acabar alegremente, em meio
Da luz, em pleno dia.

O meu último sono eu quero assim dormi-lo:
— Num largo descampado,
Tendo em cima o esplendor do vasto céu tranqüilo
E a primavera ao lado.

Bailem sobre o meu corpo asas trêmulas, asas
Palpitando de leve,
De insetos de ouro e azul, ou rubros como brasas,
Ou claros como neve.

De entre moitas em flor, oscilantes na aragem,
Úmidas e cheirosas,
Espalhando em redor frescuras de folhagem,
E perfumes de rosas,

Subam, jovializando o ar, canções suaves
— A música sonora
Em que parece rir a alegria das aves,
Encantadas da aurora.

E cada flor que um galho acaso dependura
À beira dos caminhos
Entreabra o seio ao sol, às brisas, à doçura
De todos os carinhos.

Passe em redor de mim um frêmito de gozo
E um calor de desejo,
E soe o farfalhar das árvores, moroso
Como o rumor de um beijo.

Palpite a natureza inteira, bela e amante,
Volutuosa e festiva.
E tudo vibre e esplenda, e tudo fulja e cante,
E tudo sonhe e viva.

A sepultura é noite onde rasteja o verme...
Ó luz que eu tanto adoro,
Amortalha-me tu! E possa eu desfazer-me
No ar claro e sonoro!

II

A lousa tumular o corpo fecha e cobre
De sombra e de abandono,
E paira, horrível como um pesadelo, sobre
O derradeiro sono...

É, decerto, pior que a morte; desconforto
É, por certo, mais triste:
A morte mata só — e não separa o morto
De tudo mais que existe.

Que é a morte, afinal, que tanto horror merece?
— Mais um degrau da escada
Por onde eternamente a vida sobe e desce
Do nada para o nada.

Pelo agitado mar sem praias do universo
O homem surge e deriva
Ao acaso, como um floco de espuma, emerso
De uma onda fugitiva.

Quando a morte o devolve ao seio que o gerara,
Sem que o extinga e consuma,
Funde-o na onda que vai rolando, e que não pára
De erguer flocos de espuma.

O morto volve ao chão da terra benfeitora
Desfeito em mil destroços,
E restitui-lhe assim tudo que em vida fora;
— Carne vestindo uns ossos.

Só perde um sonho: o sonho apenas esboçado
No rápido transporte
Que o trouxe bruscamente impelido, empurrado
Do berço para a morte.

Sonho belo talvez, confuso com certeza,
Feito de riso e pranto,
Feito de sombra e luz, de alegria e tristeza,
De encanto e desencanto.

Sonho que surge como um turbilhão, e passa
E acaba num momento
Como um rumor sem eco, um pouco de fumaça
Espalhada no vento.

Tudo mais volta ao seio infinito desse horto
Que gera eternamente
A vida, e espera só que a morte, em cada morto
Lhe atire uma semente.

III

Porque se arroja, pois, ao túmulo, fechado
   — Como um cárcere escuro —
A tudo quanto é belo e esplende ao sol dourado
   Sob o céu claro e puro,

Porque se larga à sombra, e se condena à lama,
   E se abandona ao verme,
Porque assim se castiga, e se repele, e infama
   Um pobre corpo inerme?

Corpo que veio de uma explosão de desejo,
   Encantado produto
De uma noite de amor — e que saiu de um beijo
   Como, da flor, o fruto;

Corpo onde o olhar viveu para tudo que brilha,
   Para as coisas mais belas:
— A terra em flor, o mar ao sol, a maravilha
   Do céu cheio de estrelas;

Onde cada rumor em que a noite transborda
   Sob o luar tristonho

Foi despertar um eco, e vibrar uma corda,
　　E acalentar um sonho;

Corpo que tanta vez o aroma — essa carícia
　　Em que a flor se consome —
Encantou de um prazer sutil, de uma delícia
　　Sem igual e sem nome;

Onde o lábio se abriu, úmido como as rosas
　　Quando amanhece o dia,
Para o sorriso, o beijo, e as coisas deliciosas
　　Que o amor pronuncia...

Condenado por fim à dispersão da morte,
　　O universo o reclama...
Entre tudo quanto há, por que lhe dar por sorte
　　O desfazer-se em lama?

IV

Oh! deixai que o disperse o vento, asa ligeira
     Em que sobe do chão,
Em que se eleva no ar tudo quanto é poeira
     E decomposição.

Sim, deixai que o fecunde o sol, esse batismo,
     Essa ablução de luz
De que surgem sorrindo em flor — bordas de abismo
     E lamas de pauis.

Sim, deixai que o redima o orvalho, em que, de rastros,
     No chão dos areais,
A argila, recebendo a comunhão dos astros,
     Estrela-se em rosais.

Da matéria imortal que ao acaso reunida
     Pairou nesse apogeu:
A vida humana; e após, de tão alto abatida,
     Caiu e apodreceu,

Possa cada fragmento, e cada átomo possa
     Obter o jubileu
Em que, para o que é vil, se arrepende e se adoça
     O mau humor do céu:

Mau humor de que sai o verme, esse enjeitado,
Esse erro, o caracol;
Que condena, que humilha o pó que é pó, ao lado
Do pó que é luz do sol;

E que afinal se abranda e se penitencia
Naquela redenção
Do que a noite ressurge e se desmancha em dia
E o castigo em perdão.

A poeira se dispersa; o charco se evapora;
Perde-se o fumo no ar:
São feitos desse nada ouros fulvos de aurora,
Brancuras de luar...

V

Implacável rancor do espírito à matéria,
 Da ilusão à verdade,
Do que sonha ao que vive... Ó miséria, miséria!
 Ó vaidade, vaidade!

A alma insubmissa e vã supõe-se encarcerada
 No corpo, essa prisão,
— Ilha de um rude mar, princesa desterrada,
 Flor caída no chão;

Considera-se como a fina essência, presa
 Num vaso desprezado;
Vê no corpo um montão de infâmia e de torpeza,
 De vício e de pecado.

A morte — como um fim de cativeiro encara
 — Um romper de manhã,
A hora da partida ansiosa e livre para
 As terras de Canaã...

Alma, é louco o desejo altivo, em que te abrasas,
 De céus nunca atingidos:
Ai, que serias tu, pássaro, sem as asas,
 Alma, sem os sentidos?

Nos olhos se esvazie o olhar, que te revela.
Que descobre... ou que faz
Tanta extensão de azul, tanto fulgor de estrela...
Alma, que sonharás?

Alma, que sonharás, na silenciosa ausência
Do som — emudecida
Para o teu devaneio a vaga confidência
Dos subsolos da vida?

Em vão levantas no ar as tuas fantasias
E as tuas ambições;
Arquitetas em vão tantas filosofias,
Tantas religiões...

Para mais desterrar na morte a carne, morta
Por fim, enfim vencida,
Inventaste o pavor de um cárcere sem porta,
De um antro sem saída.

Inventaste-o debalde. O túmulo condena
O corpo à podridão,
Mas não te exime a ti da mesma escura pena
De apodrecer no chão:

Sangue que o coração alvoroça e amotina,
Vibração provocada
De nervos, e depois... um sonho da retina...
És tudo isso, e mais nada.

VI

O derradeiro sono, eu quero assim dormi-lo:
Num largo descampado,
Tendo em cima o esplendor do vasto céu tranqüilo
E a primavera ao lado.

Amortalhe-me a noite estrelada: arda o dia
Depois, claro e risonho;
E seja a dispersão na luz e na alegria
O meu último sonho.

A TERNURA DO MAR

No firmamento azul, cheio de estrelas de ouro
Ia boiando a lua indiferente e fria...
De penhasco em penhasco e de estouro em estouro,
    Em baixo, o mar dizia:

"Lua, só meu amor é fiel tempo em fora...
Muda o céu, que se alegra à madrugada, e pelas
Sombras do entardecer todo entristece, e chora
    Marejado de estrelas;

Ora em pompas, a terra, ora desfeita e nua
— Como a folha que vai arrastada na brisa —
Aos caprichos do tempo inconstante flutua
    Indecisa, indecisa...

Desfolha-se, encanece em musgos, aos rigores
Do céu mostra a nudez dos seus galhos mesquinhos,
A árvore que viçou toda folhas e flores,
    Toda aromas e ninhos;

Cóleras de tufão, pompas de primavera,
Céu que em sombras se esvai, terra que se desnuda,
A tudo o tempo alcança, e a tudo o tempo altera...
    — Só o meu amor não muda!

Há mil anos que eu vivo a terra suprimindo:
Hei de romper-lhe a crosta e cavar-lhe as entranhas,
Dentro de vagalhões penhascos submergindo,
Submergindo montanhas.

Hei de alcançar-te um dia... Embalde nos separa
A largura da terra e o fraguedo dos montes...
Hei de chegar aí de onde vens, nua e clara,
Subindo os horizontes.

Um passo para ti cada dia entesouro;
Há de ter fim o espaço, e o meu amor caminha...
Dona do céu azul e das estrelas de ouro,
Um dia serás minha!

E serei teu escravo... À noite, pela calma
Rendilharei de espuma o teu berço de areias,
E há de embalar teu sono e acalentar tua alma
O canto das sereias.

Quando a aurora romper no céu despovoado,
Tesouros a teus pés estenderei, de rastros...
Ser amante do mar vale mais, sonho amado,
Que ser dona dos astros.

Deliciando-te o olhar, afagando-te a vista,
Todo me tingirei de mil cores cambiantes,
E abrir-se-á de meu seio a brancura imprevista
Das ondas arquejantes.

Levar-te-ei de onda em onda a vagar de ilha em ilha,
Tranqüilas solidões, ermas como atalaias
Onde o marulho canta e a salsugem polvilha
A alva nudez das praias.

Ao longe, de repente assomando e fugindo,
Alguma vela, ao sol, verás alva de neve:
Teus olhos sonharão enlevados, seguindo
Seu vôo claro e leve;

Sonharão, na delícia indefinida e vaga
De sentir-se levar sem destino, um momento,
Para além... para além... nos balanços da vaga,
Nos acasos do vento.

Far-te-ei ver o país, nunca visto, da sombra.
Onde cascos de naus arrombadas, a espaços
Dormem o último sono, estendidos na alfombra
De algas e de sargaços.

Opulentos galeões, pelas junturas rotas,
Vertem ouro, troféus inúteis, vis monturos,
Que foram conquistar às praias mais remotas.
Pelos parcéis mais duros:

Flâmula ao vento, proa em rumo ao largo, velas
Desfraldadas, varando ermos desconhecidos,
Rudes ondas, tufões brutais, turvas procelas,
Sombra, fuzis, bramidos,

Todo o estranho pavor das águas afrontando,
Altivos como reis e leves como plumas,
Iam de golfo em golfo, em triunfo arrastando
Uma esteira de espumas.

Ei-los, carcassas vis donde o ouro em vão supura,
Esqueletos de heróis... dei-os em pasto à fome
Silenciosa e sutil da multidão obscura,
Dos moluscos sem nome.

Essa estranha região nunca vista, hás de vê-la,
Onde, numa bizarra exuberância, a flora
Rebenta pelo chão pérolas cor de estrela
    E conchas cor de aurora;

Onde o humilde infusório aspira às maravilhas
Da glória, sonha o sol, e, dos grotões mais fundos
De meu seio, levanta a pouco e pouco as ilhas,
    Arquipélagos, mundos...

Lua, eu sou a paixão, eu sou a vida... Eu te amo.
Paira, longe, no céu, desdenhosa rainha!...
Que importa? O tempo é vasto, e tu, bem que reclamo!
    Um dia serás minha!

Embalde nos afasta e embalde nos separa
A largura da terra e o fraguedo dos montes:
Hei de chegar aí de onde vens, nua e clara,
    Subindo os horizontes..."

       ....

Na quietação da noite apenas tumultua
Quebrada de onda em onda a voz brusca do mar:
Corta o silêncio, agita o sossego, flutua
    E espalha-se no luar...

ROSA, ROSA DE AMOR

Rosa, rosa de amor purpúrea e bela,
Quem dentre os goivos te esfolhou da campa?
Garrett

I

(Olhos verdes)

Olhos encantados, olhos cor do mar,
Olhos pensativos que fazeis sonhar!

Que formosas coisas, quantas maravilhas
Em voz vendo sonho, em vos fitando vejo;
Cortes pitorescos de afastadas ilhas
Abanando no ar seus coqueirais em flor,
Solidões tranqüilas feitas para o beijo,
Ninhos verdejantes feitos para o amor...

Olhos pensativos que falais de amor!

Vem caindo a noite, vai subindo a lua...
O horizonte, como para recebê-las,
De uma fímbria de ouro todo se debrua;

Afla a brisa, cheia de ternura ousada,
Esfrolando as ondas, provocando nelas
Bruscos arrepios de mulher beijada...

Olhos tentadores da mulher amada!

Uma vela branca, toda alvor, se afasta
Balançando na onda, palpitando ao vento;
Ei-la que mergulha pela noite vasta,
Pela vasta noite feita de luar;
Ei-la que mergulha pelo firmamento
Desdobrado ao longe nos confins do mar...

Olhos cismadores que fazeis cismar!

Branca vela errante, branca vela errante,
Como a noite é clara! como o céu é lindo!
Leva-me contigo pelo mar... Adiante!
Leva-me contigo até mais longe, a essa
Fímbria do horizonte onde te vais sumindo
E onde acaba o mar e de onde o céu começa...

Olhos abençoados, cheios de promessa!

Olhos pensativos que fazeis sonhar,
    Olhos cor do mar!

IV

(Primeira sombra)

— Mal me quer... bem me quer...
                          — Será preciso
Que uma flor assegure o que digo e tu vês?
O meu olhar, pousando em teu sorriso,
Mostra-te que és amada e adivinha que o crês.

   — Mal me quer... bem me quer...
                          — E, comovida,
Tremes, como esperando uma sentença atroz...
Supões que espalhe a noite em nossa vida
A sombra de uma flor perpassando entre nós?

   — Mal me quer... Mal me quer... Desde
                          [ontem, quando
Faltaste, adivinhei tudo o que a flor me diz.
Tenho-te junto a mim e fito-te chorando:
Beijas-me ainda, e já não sou feliz.

   Sinto que és meu, aperto-te em meus braços
E, no pavor de um sonho angustiado e sem fim,
Ouço como um rumor fugitivo de passos
Que te afastam de mim...

Dize que estou sonhando, que estou louca!
Jura que sou feliz, que os teus dias são meus,
E que o beijo que ainda orvalha minha boca
Não é tua alma que me diz adeus.

A amorosa doçura do teu verso
Ecoou em minha alma; em teu verso aprendi
A soletrar o amor, o Amor — esse universo
Radioso, imenso, e resumido em ti.

A tua voz chamou-me; eu escutei-a
E segui-a, ditosa, a sorrir e a sonhar...
Fala-me ainda de amor! Não te cales, sereia
Que me atraíste para o azul do mar!

Minha alma, envolta em trapos de mendiga,
Vai seguindo, no chão, do teu passo o rumor.
Não me deixes! Serei a sombra que te siga,
Sem indagar onde me leva o amor.

Não me abandones! Ama-me! A risonha
Aurora inunda o céu todo afogado em luz...
Sou formosa, sou moça, amo-te... Ama-me! Sonha,
Pousada a fronte nos meus seios nus!

Que alegre madrugada cor-de-rosa,
Ser amada por ti, claro sol que tu és!
Eu dei-te a minha vida. É tua. Esbanja-a, goza
Toda esta primavera estendida a teus pés.

Bem-amado que, como um pássaro num ramo,
Vieste acaso pousar o vôo no meu seio,
Não me deixes! Eu quero ouvir ainda o gorjeio
Em que teu beijo é que dizia: "Eu te amo"!

V

(A flor e a fonte)

"Deixa-me, fonte!" Dizia
A flor, tonta de terror.
E a fonte, sonora e fria,
Cantava, levando a flor.

"Deixa-me, deixa-me, fonte!"
Dizia a flor a chorar:
"Eu fui nascida no monte...
"Não me leves para o mar".

E a fonte, rápida e fria,
Com um sussurro zombador,
Por sobre a areia corria,
Corria levando a flor.

"Ai, balanços do meu galho,
"Balanços do berço meu;
"Ai, claras gotas de orvalho
"Caídas do azul do céu!..."

Chorava a flor, e gemia,
Branca, branca de terror,
E a fonte, sonora e fria,
Rolava, levando a flor.

"Adeus, sombra das ramadas,
"Cantigas do rouxinol;
"Ai, festa das madrugadas,
"Doçuras do pôr-do-sol;

"Carícia das brisas leves
"Que abrem rasgões de luar...
"Fonte, fonte, não me leves,
"Não me leves para o mar!..."

*

As correntezas da vida
E os restos do meu amor
Resvalam numa descida
Como a da fonte e da flor...

VIII

(Serenata)

Pela vasta noite indolente
    Voga um perfume estranho.
Eu sonho... E aspiro o vago aroma ausente
    Do teu cabelo castanho.

Pela vasta noite tranqüila
    Pairam, longe, as estrelas.
Eu sonho... O teu olhar também cintila
    Assim, tão longe como elas.

Pela vasta noite povoada
    De rumores e arquejos
Eu sonho... É tua voz, entrecortada
    De suspiros e de beijos.

Pela vasta noite sem termo,
    Que deserto sombrio!
Eu sonho... Inda é mais triste, inda é mais ermo
    O nosso leito vazio.

Pela vasta noite que finda
Sobe o dia risonho...
E eu cerro os olhos para ver-te ainda,
Ainda e sempre, em meu sonho.

X

(Última confidência)

— E se acaso voltar? Que hei de dizer-lhe, quando
    Me perguntar por ti?
— Dize-lhe que me viste, uma tarde, chorando...
    Nessa tarde parti.

— Se arrependido e ansioso ele indagar:
                "Para onde?
    Por onde a buscarei?"
— Dize-lhe: "Para além... para longe... " Responde
Como eu mesma: "Não sei".

Ai, é tão vasta a noite! A meia luz do ocaso
    Desmaia... anoiteceu...
Onde vou? Nem eu sei... Irei seguindo ao acaso
    Até achar o céu...

Eu cheguei a supor que possível me fosse
    Ser amada — e viver.
É tão fácil a morte... Ai, seria tão doce
    Ser amada... e morrer!...

Ouve: conta-lhe tu que eu chorava, partindo,
As lágrimas que vês...
Só conheci do amor, que imaginei tão lindo,
O mal que ele me fez.

Narra-lhe transe a transe a dor que me consome...
Nem houve nunca igual!
Conta-lhe que eu morri murmurando o seu nome
No soluço final!

Dize-lhe que o seu nome ensangüentava a boca
Que o seu beijo não quis:
Golfa-me em sangue, vês? E eu murmurando-o,
[louca!
Sinto-me tão feliz!

Nada lhe contes, não... Poupa-o... Eu quase o odeio,
Oculta-lho! Senhor,
Eu morro!... Amava-o tanto... Amei-o sempre...
[Amei-o
Até morrer... de amor.

RELICÁRIO

ÆTERNUM CARMEN

I

UMA FLOR

"Amanhece... No céu, lá fora, é madrugada,
A noite se dilui numa poeira dourada.

Em derredor de mim toda a floresta acorda,
Sussurra, adeja, esvoaça, agita-se, transborda
De alegria ruidosa e de vida triunfante.

As aves, ensaiando o vôo titubeante,
Saltam do ninho fofo às trêmulas ramadas,
Espanejam ao sol as asas orvalhadas...

E eu, mísera que sou! da sombra em que desvivo,
Para mal entrever, remoto e fugitivo,
Num cantinho de céu um vislumbre de aurora,
Sonho, desejo, anseio — à espera que a folhagem
Se entreabra num bafejo inconstante de aragem.

Aves que ergueis o vôo errante céus em fora,
Vós, livres dos grilhões de hastes e de raízes,
Que adejais gorjeando, afoitas e felizes;
— Da sombra do meu ermo e do chão do meu brejo,
Prisioneira e infeliz, aves, eu vos invejo!

Se eu pudesse voar... voar!...

RACHEL

Volvo, saudoso e alegre, a este ermo de onde
Saí criança, e onde não mais volvera.
A última flor da minha primavera
Morta, sob estas árvores se esconde.

E inda hoje tudo que com os olhos sonde,
Árvores, sombra, os muros cheios de hera,
Tudo lembranças na minh'alma gera,
Tudo a reminiscências me responde.

Tudo encontro no mesmo... Não: aquela
Palmeira em cujo tronco o nome dela
Tremulamente as minhas mãos gravaram

Perdeu as letras com o correr dos anos...
E esse nome que os anos lhe apagaram
Não m'o apagaram da alma os desenganos.

MARINHA

I

Eis o tempo feliz das pescarias — quando
Maio aponta a sorrir pela boca das flores.
Derramam-se na praia as gaivotas em bando...
          Alerta, pescadores!

Crepusculeja ainda a aurora, mas quem pesca
Deve esperar o dia entre as ondas — enquanto
Sopra enfunando a vela a matutina fresca
          E o sol não queima tanto.

Mulheres, fazei fogo! Ao alcance do braço,
Mesmo à porta do rancho a maré pôs a lenha.
Aprontai o café! Vibra já pelo espaço
          A buzina roufenha.

Peixe na costa! O aviso erra de fragua em fragua,
Chama de rancho em rancho os pescadores. Eia!
As canoas estão ainda fora d'água
          Encalhadas na areia:

Prestes, descei-as! Ide apanhar às estacas
A rede. Ide-a colhendo às pressas; colocai-a
Na canoa. Descendo agora nas ressacas,
    Isso, fora da praia!

E é remar, é remar para o largo... As crianças
E as mulheres, em terra, esperam agüentando
O cabo que por sobre o azul das ondas mansas
    A rede vai largando...

II

Dois canoeiros, de pé sobre a canoa, soltam
De chumbada em chumbada o aparelho, a compasso.
Em meia-lua, eis toda a rede n'água... Voltam...
E agora, é mão na corda e sustância no braço!

Puxa! Aos poucos, da praia a rede se aproxima
Força! O cardume é grande. Aperta, gente guapa!
Saltam já peixes... Puxa! ou, saltando por cima
Das bóias de cortiça, o peixe todo escapa.

Vá, quem sabe nadar meta-se n'água, e nade:
Vença a arrebentação, e, erguendo a mão bem alta,
Suspenda o mais que possa as bóias... Em verdade
É lastima perder todo o peixe que salta.

Agora, sim... Debalde o cardume aterrado
Sentindo o chão subir, vem à flor d'água, vede!
Afunda, surge, salta; em frente, em cima, ao lado,
Por toda a parte, n'água e no ar, encontra a rede.

E numa última onda, e num último arranco,
Alucinadamente investe a praia; anseia
No chão; bate-se; cai exausto; chato e branco,
Fica faiscando ao sol e arquejando na areia...

Venham os samburás de largo bojo e güela
Estreita. Encham-nos. É serviço. Mãos à obra!
O lanço foi feliz. Deu bem para a panela...
A cada pescador cem tainhas. E há sobra.

III

Logo, rolos de fumo a espaços desenhados
Na transparência do ar muito azul, anunciam
Que arde o fogo tostando os tassalhos salgados,
 E que as panelas chiam.

E dentro em pouco, cheio o estômago, tranqüila
A alma, vêm-se abeirando os ranchos, sobre esteiras.
Homens dormindo, enquanto, abanando-os, oscila
 O leque das palmeiras.

Arde o sol. Longe, o céu intérmino se azula.
O mar, que leve brisa encrespa, o dorso alonga
Para o horizonte. No ar, a trechos, estridula
 Um grito de araponga.

Brincam alegremente as crianças, às soltas;
Gritam e adejam, como as maitacas, em bando;
E vêm-se ao vento e ao sol cabeleiras revoltas
 Flutuando, esvoaçando...

Agrupados no entanto à sombra, encanecidos
Pescadores de outrora lembram com saudade
As pescarias, os mil feitos destemidos
Da sua mocidade:

Narram-se mutuamente histórias de hediondas
Lutas; cada um os seus triunfos alardeia...
....
E escuta-se o rumor monótono das ondas
Quebrando-se na areia.

ARDENTIAS

CANÇÃO

Quando passas, bem amada,
— Clarão, perfume, harmonia —
Raia o sol e rompe o dia
Na minh'alma deslumbrada.

E, vendo-te, ó meu suplício,
Tenho a vertigem imensa
De uma criança suspensa
Na borda de um precipício.

Como um sonâmbulo errante
Que vai pela noite afora
Vendo ao luar hesitante
Vagos prenúncios de aurora,

No olhar com que nem me fitas,
Noite, noite sempre escura,
— Cheio de ilusões benditas,
Sonho auroras de ternura.

Quando acaso me acontece
Ouvir-te a fala suave,
Enlevado, me parece
Que a vida é um gorjeio de ave.

Nesta tristeza em que eu ando
Tua voz canta em minha alma
Como um rouxinol cantando
Dentro de uma noite calma.

Passas, e eu vejo-te; falas
E ouço-te a voz: e esse pouco
Enche de esplêndidas galas
Toda a minh'alma de louco.

Mas vais-te — e vai-se contigo
Tudo quanto, num momento,
A minh'alma, esse mendigo
Sonhou num sono ao relento...

Somes-te como se apaga
O sol envolto na bruma,
Ou como o floco de espuma
Que nasce e morre com a vaga;

E eu, estático e tristonho,
Embebo o olhar no teu rastro...
Ó tu que vens como um astro,
Ó tu que vais como um sonho!

ADORMECIDA

Ela dormia... Sobre o alvor do leito
Desenhava-se, esplêndida miragem,
Seu lindo corpo, escultural, perfeito.

Encrespado das rendas da roupagem,
Seu seio brandamente palpitava
Como a lagoa no tremor da aragem.

Solto, o cabelo se desenrolava
Sobre os lençóis, em plena rebeldia,
Como um revolto mar que os alagava.

Como no céu, quando desponta o dia,
A aurora raia, de um sorriso a aurora
Pelo seu meigo rosto se expandia.

E ela dormia descuidada... Fora,
O mar gemia um cântico planjente
Como uma alma perdida que erra e chora.

Um raio de luar, branco e tremente,
Pela janela mal cerrada veio
Entrando, surda, sorrateiramente...

Ia beijá-la em voluptuoso anseio;
Mas, ao vê-la dormindo entre as serenas
Ondas daquele sono sem receio,

Hesitou em beijar-lhe as mãos pequenas,
E humildemente, e como ajoelhando,
Beijou-lhe a fímbria do vestido apenas...

E o lindo quadro, estático, fitando,
Senti não sei que mística ternura
Por toda a alma se me derramando

Porque acima daquela formosura
Do corpo, os seus quinze anos virginais
Envolviam-lhe a angélica figura
Na sombra de umas asas ideais.

GÉLIDA

Lembram-me sempre as regiões polares
— Frias e brancas solidões imensas —
Quando em meus olhos pousam teus olhares:
Neles vendo o que sentes e o que pensas,
Lembram-me sempre as regiões polares...

Lá, sob o escuro céu que a bruma veste
De vaga sombra e de imortal tristeza.
Se desenrola, alcantilado e agreste,
O seio nu da triste natureza,
Lá, sob o escuro céu que a bruma veste.

Os esqueletos brancos das montanhas
Sob o véu transparente das neblinas
Vão desenhando aparições estranhas...
Têm a tristeza vaga das ruínas
Os esqueletos brancos das montanhas.

Quebra a funérea solidão que dorme
Em torno, apenas e de quando em quando,
O fantasma de um urso, horrendo e informe,
Os vagarosos passos arrastando
Pela funérea solidão que dorme...

Assim pareces tu, pálida e fria;
Formosa filha de Albion nevoenta!
Rosto onde não resplende uma alegria,
Alma onde uma ternura não rebenta.
Assim pareces tu, pálida e fria.

Nunca um raio de amor iluminou-te
O árido seio, o coração de pedra;
Nenhuma estrela te clareia a noite,
Nenhuma rosa no teu seio medra,
Nunca um raio de amor iluminou-te.

E a tua vida é como esse deserto
Vasto, sombrio, lúgubre, gelado:
Olha-se e vê-se, longe como perto,
Um grande plaino branco e despovoado...
E a tua vida é como esse deserto.

Mas como os ursos das regiões polares,
Vê-se, quebrando essa monotonia,
Passar às vezes pelos teus olhares
A sombra de uma cólera bravia
Como esses ursos das regiões polares...

NO SAHARA

Sob o infinito céu se espraia, toda envolta
Em luar, a planura infinita de areia.
No chão que alveja, como um fantasma, passeia
E corre a sombra de uma informe nuvem solta.

No horizonte, bem sobre a planície, vivazes
Como faróis no mar, ardem estrelas. Morno,
Afla o vento num bafo abrasado de forno.
A caravana, exausta, adormeceu no oásis.

Repousa, entregue à paz do sono, o acampamento.
Enquanto a sentinela imóvel, descansando
Na longa carabina a bronzeada mão,

Sonda, interroga em vão com o olhar sonolento
Os confins do deserto onde, de quando em quando,
Reboam no silêncio os urros de um leão.

MEDIEVAL

Noite, alta noite. Solitária, a lua
Vai pelo céu longínquo errando à toa
Como Ofélia boiando, loura e nua,
Na água plácida e azul de uma lagoa.

Rude, fero gigante afeito à crua
Guerra, o castelo, no alto que coroa,
Dorme o sono da paz dentro da sua
Armadura de pedra, forte e boa.

Fora, embaixo, na sombra, um pajem louro
Canta. Canta de amor, numa voz de ouro:
Alguém o ouviu. Abriu-se uma janela.

Pendem do muro os fios de uma escada...
...E a derradeira nota da balada
Morre, num beijo, sobre os lábios d'Ela.

O ÚLTIMO CIÚME

Volveste, moça e linda, à terra desdenhosa
Que indiferentemente, aniquila, amalgama
Na mesma confusão anônima da lama
— Encantos de mulher ou pétalas de rosa.

Os teus encantos... Onde hoje andarão dispersos?
Nem haverá talvez imunda larva que ame
Os restos do que outrora alvoroçava o enxame
Dos meus sonhos de amor num turbilhão de versos.

Hoje, tornada em seiva, absorvem-te as raízes.
Ai, sorrisos em flor dos teus dias felizes,
Beijos que eu desejava e tu nunca me deste!

Esse corpo gentil negado ao meu desejo
Guardaste-o, puro da mácula do meu beijo,
Para servir de pasto à fome de um cipreste...

PREFÁCIO DA 1ª EDIÇÃO DE POEMAS E CANÇÕES

(Excerto)

Euclides da Cunha

Ora, o que para logo se destaca nos *Poemas e Canções*, alentando o subjetivismo equilibrado de um verdadeiro poeta, é um grande sentimento da natureza. O amor, considera-o Vicente de Carvalho como ele é, positivamente: um caso particular da simpatia universal. E tal como no-lo apresenta

... risonho e sem cuidados,
Muito de altivo, um tanto de insolente

diz-nos bem que na sua forma comum, fisiológica e rudimentar de um egoísmo a dois, ele não lhe traduz uma condição primária do sentimento, escravo de uma preocupação mórbida e humilhante, senão um belo pretexto para resumir num objeto, em harmonioso sincretismo, os atributos encantadores da vida. O poeta diviniza a mulher como o estatuário diviniza um pedaço de mármore: pela necessidade ansiosíssima de uma síntese do maior número possível de belezas infinitas que lhe tumultuam em torno. Neste lance poderíamos aplicar-lhe a frase pinturesca de Stanchwith: "Não podendo apertar a mão desse gigante que se chama Universo, nem dar um beijo apaixonado na Natureza, resume-os num exemplar da humanidade".

Por isto mesmo não se apouca limitando-se a essa redução graciosa. Para aformosear o seu símbolo, dá largas à expansão centrífuga da individualidade transbordante. E em tanta maneira se lhe impõem as escapadas para a amplitude do mundo objetivo, onde se lhe deparam as melhores imagens e as mais radiosas alegorias, que nos diz em alexandrinos correntios o que hoje lemos em páginas austeras de gravíssimos psicofisiologistas, quando atribui todo o seu culto

À doce Religião da Natureza amiga.

a uma alma remota que as energias profundas do atavismo lhe despertam, predispondo-o ao nomadismo aventureiro de algum avô selvagem

Algum bugre feroz, cujo corpo bronzeado
Mantinha a liberdade inata da nudez.

Ao contrário, eu penso que alma antiga não sentiria esta atração da grande natureza, que domina a poesia moderna. Entre a concepção estreitamente clássica da vida rústica, das *Geórgicas* e o nosso esplêndido lirismo naturalista há diferenças tão flagrantes que fora inútil indicá-las. O movimento atual para os grandes quadros objetivos, à parte outras causas mais profundas, desponta-nos como uma reação do nosso sentimento, a crescer, paralelamente, com o próprio rigorismo prático da vida. Esse fugir ao racionalismo seco das cidades, que até geometricamente se nos desenha nas ruas retangulares, nos quadrados das praças, nos ângulos diedros das esquinas, nas pirâmides dos tetos, nos poliedros das casas, nos paralelepípedos dos calçamentos e nas elipses dos canteiros, onde é tudo claro, matemático, compreensível, e as inteligências se nivelam na evidência de tudo, e as vistas se fatigam na repetição das formas e das cores, e os ouvidos se fatigam no martelar monótono dos sons, e a alma se fatiga na invariabilidade das impressões e dos motivos — vai-se tornando a mais e mais imperioso, à medida que a civilização progride. O povo mais prático e mais lúcido do mundo é o que por ele mais irradia à caça da pinturesca. Não há neste momento em Chamonix ou num rincão qualquer da África Central, nenhuma página vigorosa da natureza onde se não veja, rijamente empertigado, um ponto de admiração: o inglês!

Além disto, só o pensamento atual pode animar a alma misteriosa das coisas, num consórcio, que é a definição da verdadeira arte. O nosso selvagem

> Que dormia tranqüilo um sono descuidado,
> Passivo, indiferente, enfarado talvez,
> Sob o mistério azul do céu todo estrelado

passaria mil anos sobre a Serra do Mar

> Negra, imensa, disforme,
> Enegrecendo a noite...

indiferente e inútil.

Para no-la definir, e no-la agitar sem abandonar a realidade, mostrando-no-la vivamente monstruosa, a arrepiar-se, a torcer-se nas anticlinais, encolhendo-se nos vales, tombando nos grotões, ou escalando as alturas nos arrancos dos píncaros arremessados, requer-se a intuição superior de um poeta capaz de ampliar, sem a deformar, uma verdade rijamente geológica, refletindo num minuto a marcha milenária das causas geotectônicas que a explicam. Vemo-la na escultura destes versos:

Na sombra em confusão do mato farfalhante
Tumultuando, o chão corre às soltas, sem rumo.
Trepa agora alcantis por escarpas a prumo,
Eriça-se em calhaus, bruscos como arrepios;
Mais repousado, além, levemente se enruga
Na crespa ondulação de cômoros macios;
Resvala num declive; e logo, como em fuga
Precipite, através da escuridão noturna,
Despenha-se de chofre ao vácuo de uma furna.

Do fundo dos grotões outra vez se subleva,
Surge, recai, ressurge... E, assim, como em torrente
Furiosa, em convulsões, vai rolando na treva
Despedaçadamente e indefinidamente.

É a realidade maior — vibrando numa emoção. Este chão que tumultua, e corre, e foge, e se crispa, e cai, e se levanta, é o mesmo chão que o geólogo denomina "solo perturbado" e inspira à rasa, à modesta, à chaníssima topografia, a metáfora garbosa dos "movimentos do terreno".

A mesma harmonia de sua visão interior com o mundo externo rebrilha, quando o poeta observa que o mar

... brutal e impuro,
Branco de espuma, ébrio de amor,

Tenta despir o seio duro
E virginal da terra em flor.

Debalde a terra em flor, com o fito
De lhe escapar, se esconde, e anseia
Atrás de cômoros de areia
E de penhascos de granito.

No encalço dessa esquiva amante
Que se lhe furta, segue o mar;
Segue, e as maretas solta adiante
Como matilha, a farejar.

E, achado o rastro, vai com as suas
Ondas e a sua espumarada
Lamber, na terra devastada,
Barrancos nus e rochas nuas...

Idealização... Mas, evidentemente quem quer que se alarme ante este mar perseguidor e esta terra prófuga, riscará os melhores capítulos da geologia dinâmica. E os que fecharem as vistas à esplêndida imagem daquela matilha de maretas, certo, não poderão contemplar a "artilharia" de seixos e graeiros, do ilustre Playfair, a bombardear arribas, desmontando-as, disjungindo-as, solapando-as, derruindo-as, e esfarelando-as — seguida logo da "cavalaria das vagas" de Granville Cole, a curvetear nos rolos das ondulações banzeiras, a empinar-se nas ondas desbridadas, a entrechocar-se nas arrebentações, a torvelinhar no entrevero dos redemoinhos; e de súbito disparando — longos penachos brancos dos elmos rebrilhantes distendidos na diluição das espumas, — numa carga, em linha, violentíssima, sobre os litorais desmantelados; de modo que o litoral desmantelado se nos apresente

like a regiment overwhelmed by cavalry. (1)

Considerai: esta frase, que se desentranha da árida prosa de um livro didático, ressoa, refulge, canta. É um verso. Prende o sonhador e o cientista diante da idealização tangível de um expressivo gesto da natureza. Mais longe, quando o poeta escuta a grande voz do mar, "quebrada de onda em onda", fazendo à lua uma declaração de amor, que seria apenas um ridículo exagero panteísta, se não fosse um pouco desse infinito amor que se chama gravitação universal; quando o mar exclama:

Lua! Eu sou a paixão, eu sou a vida, eu te amo!
Paira, longe, no céu, desdenhosa rainha...
Que importa? O tempo é vasto, e tu, bem que eu
[reclamo,
[Um dia serás minha...

....

Há mil anos que vivo a terra suprimindo.
Hei de romper-lhe a crosta e cavar-lhe as entranhas.
Dentro de vagalhões penhascos submergindo,
Submergindo montanhas...

esta voz monstruosamente romântica, do mar, é a mesma voz de Geike, ou de Lapparent, e diz uma alta

(1) Granville Cole — Geology out-of-door.

verdade de ciência, diante do agente físico cujo destino lógico, pelo curso indefinido dos tempos, é o nivelamento da terra.

Também ao descrever-nos um recanto labiríntico de nossas matas,

> Cem espécies formando a trama de uma sebe,
> Atulhando o desvão de dois troncos; a plebe
> Da floresta, oprimida e em perpétuo levante,

e mostrando-nos que

> Acesa num furor de seiva transbordante
> Toda essa multidão desgrenhada — fundida
> Como a conflagração de cem tribos selvagens
> Em batalha — a agitar cem formas de folhagens
> Disputa-se o ar, o chão, o orvalho, o espaço, a vida,

e atentando-se no quanto à pletora tropical, ou uma sorte de congestão da seiva, alenta e ao mesmo passo sacrifica em nossa terra o desenvolvimento vegetativo, criando-se o tremendo paradoxo da floresta que mata a árvore, ou redu-la ao arbúsculo que foge à compressão dos troncos escapando-se na distensão esquiva do cipó, a desfibrar-se e a estirar-se, angustiosamente, na procura ansiosíssima da luz — avalia-se bem o brilho daquela síntese comovente, embora seja ela rigorosamente positiva em todos os elementos de sua estrutura artística.

Digamos, porém, desde logo, que em todo este lúcido panteísmo não são a floresta e a montanha que mais atraem o poeta. É o mar. A Vicente de Carvalho não lhe basta o pintar-nos

... o mar, pagão criado às soltas
Na solidão, e cuja vida
Corre, agitada e desabrida,
Em turbilhões de ondas revoltas...

ou quando ele, tempesteando,

A uivar, a uivar dentro da sombra
Nas fundas noites de procela

braceja com os ventos desabalados, e, recebendo de
instante em instante

a cutilada de um corisco,

rebela-se, e

impando de ousadia
Pragueja, insulta, desafia
O céu, cuspindo-lhe a salsugem...

Apraz-se antes de no-lo mostrar, nas "Sugestões
do Crepúsculo", com a melancolia soberana que por
vezes o invade e lhe torna mais compreensível a gran-
deza, no vasto nivelamento das grandes águas tran-
qüilas, onde se nos dilata de algum modo a impressão
visual da impressão interior e vaga do Infinito...

Porque

Ao pôr-do-sol, pela tristeza
Da meia-luz crepuscular,

Tem a toada de uma reza
A voz do mar.

Aumenta, alastra e desce pelas
Rampas dos morros, pouco a pouco,
O ermo de sombra, vago e oco,
Do céu sem sol e sem estrelas.

Tudo amortece, e a tudo invade
Uma fadiga, um desconforto,
Como a infeliz serenidade
Do embaciado olhar de um morto.

Domada então por um instante
Da singular melancolia
De em torno, apenas balbucia
A voz piedosa do gigante.

Toda se abranda a vaga hirsuta,
Toda se humilha, a murmurar...
Que pede ao céu que não a escuta
A voz do mar?
....
Escutem bem... Quando entardece,
Na meia-luz crepuscular,
Tem a toada de uma prece
A voz tristíssima do mar...

Fora impossível citar tudo prolongando a tortura do
contraste entre estas frases duras e a flexibilidade desses
versos, nos quais o metro parece nascer ao compasso da
sístole e da diástole do coração de quem os recita.

Além disto, alguns deles, mercê da unidade per-
feita, não se podem mutilar em extratos. Nas "Palavras
ao Mar", aquela identidade, anteriormente aludida, da

nossa harmonia moral com a do Universo, refulge num dos mais breves e maiores poemas que ainda se escreveram na língua portuguesa, para se definir o perpétuo anseio do ideal diante das magias crescentes da existência.

Em "Fugindo ao Cativeiro" — epopéia que se lê num quarto d'hora — a mesma estrutura inteiriça torna inviolável a concepção artística.

Digamos, entretanto, de passagem, que aquela miniatura shakespeariana da última fase da escravidão em nosso país, absolverá completamente, diante da posteridade, a nossa geração, das culpas ou pecados que acaso lhes adviriam de uma dolorosa fatalidade social. Ver-se-á, pelo menos, que as emoções estéticas, tão essenciais a todas as transformações verdadeiramente políticas, não as fomos buscar somente, já elaboradas, na alma da geração anterior, decorando, e recitando, exaustivamente, as estrofes eternas das "Vozes d'África" e do "Navio Negreiro". Sentimo-las, bem nossas, a irromperem dos quadros envolventes. À imensa desventura do africano abatido pelo traficante, contrapusemos a rebentina do crioulo revoltado. Vicente de Carvalho agarrou, num lance magnífico, a única situação heróica e fugaz — durando o que durou o relâmpago da foice coruscante brandida por um hércules negro — de uma raça humilhada e sucumbida.

E ainda nesse trecho, com a amplitude e o desafogo da sua visão admirável, associou ao dramático itinerário do êxodo da turba miseranda e divinizada pelo sonho de liberdade, a natureza inteira — do oceano longínquo, apenas adivinhado dos píncaros da serra, à montanha abrupta abrolhando em estrepes e calhaus, às colinas que se idealizam azulando-se com as distâncias, e à floresta, referta de rumores e gorjeios, onde

Os velhos troncos, plácidos ermitas,
Os próprios troncos velhos, remoçados,
Riem no riso em flor das parasitas

... imagem, encantadora na sua belíssima simplicidade, que se emparelha com as mais radiosas engenhadas por toda a poesia humana.

*

Quero cerrar com ela todos os conceitos vacilantemente expostos.

Que outros definam o lírico gentilíssimo da "Rosa, rosa de amor", a inspiração piedosa e casta do "Pequenino Morto", ou os sonetos, onde tão antigos temas se remoçam.

De mim, satisfaço-me com haver tentado definir o grande poeta naturalista, que nobilita o meu tempo e a minha terra.

E.C.
Rio, 30 de setembro de 1908.

BIOGRAFIA

Vicente Augusto de Carvalho nasceu a 5 de abril de 1866, na cidade de Santos (SP). Desde cedo revelou raros dotes de inteligência e sensibilidade, pois aos 8 anos de idade começou a escrever os seus primeiros versos. Em 1882, com 16 anos, solicitou e obteve uma dispensa especial da Assembléia Geral do Império para poder ingressar na Faculdade de Direito. Quando se formou, já havia publicado o seu primeiro livro de poesias, *Ardentias*, em 1885. Militou no jornalismo, defendendo as idéias republicanas e os ideais abolicionistas através de combativa matéria que publicava nos jornais *O Patriota*, *Idéias Novas* e *Jornal da Tarde*, de Santos. Com espírito altruísta e justiceiro, o poeta auxiliava os negros fugidos encaminhando-os para o "Jabaquara", um quilombo que inspirou, mais tarde, o seu famoso poema "Fugindo ao cativeiro". Elegeu-se deputado, em 1891, para a Assembléia Constituinte de São Paulo. No ano seguinte, foi nomeado Secretário do Interior do Estado, cargo do qual demitiu-se, meses depois, abandonando a política. Em 1901, voltou a Santos, dedicando-se à advocacia. Fazendeiro, Juiz de Direito, somente com a edição de *Poemas e canções*, em 1908, conquistou o merecido renome como poeta de primeira grandeza. Manteve sempre a atividade jornalística, sendo principal redator do *Diário de Santos*, tendo fundado, também o *Diário da Manhã*, daquela cidade. Colaborou durante muitos anos n' *O Estado de S. Paulo*, n' *A Tribuna*, e fundou, em 1905, *O Jornal*. Em 1909, é eleito para a Academia Brasileira de Letras, na vaga de Artur de Azevedo e, em 1911, para a Academia Paulista de Letras. Conquistou o mais alto posto da carreira judiciária, tornando-se desembargador do Tribunal de Justiça do Estado, em 1914. Morre em Santos a 21 de abril de 1924. É considerado pela crítica um dos mais importantes poetas de seu tempo e mantém, até hoje, leitores e admiradores fiéis à sua obra.

BIBLIOGRAFIA

Ardentias. Santos: Tipografia Diário de Santos, 1885.

Relicário. Santos: Tipografia Diário de Santos, 1888.

Rosa, rosa de amor... Rio de Janeiro: Laemmert, 1902.

Poemas e canções. 17. ed. São Paulo: Cardoso Filho & Cia., 1908; São Paulo: Saraiva, 1965.

Verso e prosa. São Paulo: Cardoso Filho & Cia, 1909.

Páginas soltas. São Paulo: Tipografia Brasil de Rottschild & Cia., 1911.

Versos da mocidade. (Inclui *Ardentias, Relicário* e *Avulsas*). Porto: Livraria Chardron de Lello & Irmão, 1912.

A voz do sino. São Paulo: Editora Monteiro Lobato, 1924.

Luizinha. São Paulo: Editora Monteiro Lobato, 1924.

ÍNDICE

Vicente de Carvalho, poeta intemporal   7

POEMAS E CANÇÕES

Velho tema   23
Pequenino morto   25
Sugestões do crepúsculo   29
Fragmentos de "A arte de amar"   34
Fugindo ao cativeiro   38
Cantigas praianas   54
De manhã   66
Fantasias do luar   72
Palavras ao mar   76
Trovas   81
A partida da monção   84
No mar largo   95
A voz do sino   98
Sonetos 109
Sonho póstumo 113
A ternura do mar 124

ROSA, ROSA DE AMOR

I 131
IV 133
V 135
VIII 137
X 139

RELICÁRIO

Æternum Carmen 143
Rachel 144
Marinha 145

ARDENTIAS

Canção 153
Adormecida 155
Gélida 157
No Sahara 159

AVULSAS

Medieval 163
O último ciúme 164

Prefácio da 1ª Edição de *Poemas e canções*
(Excerto), Euclides da Cunha 165
Biografia 179
Bibliografia 181

COLEÇÃO MELHORES POEMAS

CASTRO ALVES
Seleção e prefácio de Lêdo Ivo

LÊDO IVO
Seleção e prefácio de Sergio Alves Peixoto

FERREIRA GULLAR
Seleção e prefácio de Alfredo Bosi

MARIO QUINTANA
Seleção e prefácio de Fausto Cunha

CARLOS PENA FILHO
Seleção e prefácio de Edilberto Coutinho

TOMÁS ANTÔNIO GONZAGA
Seleção e prefácio de Alexandre Eulalio

MANUEL BANDEIRA
Seleção e prefácio de Francisco de Assis Barbosa

CECÍLIA MEIRELES
Seleção e prefácio de Maria Fernanda

CARLOS NEJAR
Seleção e prefácio de Léo Gilson Ribeiro

LUÍS DE CAMÕES
Seleção e prefácio de Leodegário A. de Azevedo Filho

GREGÓRIO DE MATOS
Seleção e prefácio de Darcy Damasceno

ÁLVARES DE AZEVEDO
Seleção e prefácio de Antonio Candido

MÁRIO FAUSTINO
Seleção e prefácio de Benedito Nunes

ALPHONSUS DE GUIMARAENS
Seleção e prefácio de Alphonsus de Guimaraens Filho

OLAVO BILAC
Seleção e prefácio de Marisa Lajolo

JOÃO CABRAL DE MELO NETO
Seleção e prefácio de Antonio Carlos Secchin

FERNANDO PESSOA
Seleção e prefácio de Teresa Rita Lopes

AUGUSTO DOS ANJOS
Seleção e prefácio de José Paulo Paes

BOCAGE
Seleção e prefácio de Cleonice Berardinelli

MÁRIO DE ANDRADE
Seleção e prefácio de Gilda de Mello e Souza

PAULO MENDES CAMPOS
Seleção e prefácio de Guilhermino César

LUÍS DELFINO
Seleção e prefácio de Lauro Junkes

GONÇALVES DIAS
Seleção e prefácio de José Carlos Garbuglio

AFFONSO ROMANO DE SANT'ANNA
Seleção e prefácio de Donaldo Schüler

HAROLDO DE CAMPOS
Seleção e prefácio de Inês Oseki-Dépré

GILBERTO MENDONÇA TELES
Seleção e prefácio de Luiz Busatto

GUILHERME DE ALMEIDA
Seleção e prefácio de Carlos Vogt

JORGE DE LIMA
Seleção e prefácio de Gilberto Mendonça Teles

CASIMIRO DE ABREU
Seleção e prefácio de Rubem Braga

MURILO MENDES
Seleção e prefácio de Luciana Stegagno Picchio

PAULO LEMINSKI
Seleção e prefácio de Fred Góes e Álvaro Marins

RAIMUNDO CORREIA
Seleção e prefácio de Telenia Hill

CRUZ E SOUSA
Seleção e prefácio de Flávio Aguiar

DANTE MILANO
Seleção e prefácio de Ivan Junqueira

JOSÉ PAULO PAES
Seleção e prefácio de Davi Arrigucci Jr.

CLÁUDIO MANUEL DA COSTA
Seleção e prefácio de Francisco Iglésias

MACHADO DE ASSIS
Seleção e prefácio de Alexei Bueno

HENRIQUETA LISBOA
Seleção e prefácio de Fábio Lucas

AUGUSTO MEYER
Seleção e prefácio de Tania Franco Carvalhal

RIBEIRO COUTO
Seleção e prefácio de José Almino

RAUL DE LEONI
Seleção e prefácio de Pedro Lyra

ALVARENGA PEIXOTO
Seleção e prefácio de Antonio Arnoni Prado

CASSIANO RICARDO
Seleção e prefácio de Luiza Franco Moreira

BUENO DE RIVERA
Seleção e prefácio de Affonso Romano de Sant'Anna

IVAN JUNQUEIRA
Seleção e prefácio de Ricardo Thomé

CORA CORALINA
Seleção e prefácio de Darcy França Denófrio

ANTERO DE QUENTAL
Seleção e prefácio de Benjamin Abdalla Junior

NAURO MACHADO
Seleção e prefácio de Hildeberto Barbosa Filho

FAGUNDES VARELA
Seleção e prefácio de Antonio Carlos Secchin

CESÁRIO VERDE
Seleção e prefácio de Leyla Perrone-Moisés

FLORBELA ESPANCA
Seleção e prefácio de Zina Bellodi

VICENTE DE CARVALHO
Seleção e prefácio de Cláudio Murilo Leal

*ALBERTO DA COSTA E SILVA**
Seleção e prefácio de André Seffrin

*ÁLVARO ALVES DE FARIA**
Seleção e prefácio de Carlos Felipe Moisés

*LINDOLF BELL**
Seleção e prefácio de Péricles Prade

*MÁRIO SÁ CARNEIRO**
Seleção e prefácio de Lucila Nogueira

*PRELO**

COLEÇÃO MELHORES CRÔNICAS

MACHADO DE ASSIS
Seleção e prefácio de Salete de Almeida Cara

JOSÉ DE ALENCAR
Seleção e prefácio de João Roberto Faria

MANUEL BANDEIRA
Seleção e prefácio de Eduardo Coelho

AFFONSO ROMANO DE SANT'ANNA
Seleção e prefácio de Letícia Malard

JOSÉ CASTELLO
Seleção e prefácio de Leyla Perrone-Moisés

MARQUES REBELO
Seleção e prefácio de Renato Cordeiro Gomes

CECÍLIA MEIRELES
Seleção e prefácio de Leodegário Azevedo Filho

LÊDO IVO
Seleção e prefácio de Gilberto Mendonça Teles

IGNÁCIO DE LOYOLA BRANDÃO
Seleção e prefácio de Cecilia Almeida Salles

MOACYR SCLIAR
Seleção e prefácio de Luís Augusto Fischer

ZUENIR VENTURA
Seleção e prefácio de José Carlos de Azeredo

RACHEL DE QUEIROZ
Seleção e prefácio de Heloisa Buarque de Hollanda

FERREIRA GULLAR
Seleção e prefácio de Augusto Sérgio Bastos

LIMA BARRETO
Seleção e prefácio de Beatriz Resende

OLAVO BILAC
Seleção e prefácio de Ubiratan Machado

ROBERTO DRUMMOND*
Seleção e prefácio de Carlos Herculano Lopes

ODYLO COSTA FILHO*
Seleção e prefácio de Cecília Costa

RAUL POMPÉIA*
Seleção e prefácio de Cícero Sandroni

JOÃO DO RIO*
Seleção e prefácio de Fred Góes e Luís Edmundo Bouças Coutinho

SÉRGIO MILLIET*
Seleção e prefácio de Regina Campos

FRANÇA JÚNIOR*
Seleção e prefácio de Fernando Resende

MARCOS REY*
Seleção e prefácio de Sílvia Borelli

ARTUR AZEVEDO*
Seleção e prefácio de Antonio Martins Araújo

CRÔNICAS COELHO NETO*
Seleção e prefácio de Leonardo Affonso Miranda Pereira

RODOLDO KONDER*

PRELO*

GRÁFICA PAYM
Tel. (011) 4392-3344
paym@terra.com.br